Gudrun Pausewang
Friedens-Geschichten

Gudrun Pausewang, geboren 1928 in Wichstadel
in Böhmen, war lange Zeit Lehrerin in Deutschland und
in deutschen Schulen in Südamerika. Heute lebt sie als
freie Autorin in Schlitz bei Fulda. Neben Erwachsenen-
romanen veröffentlichte sie zahlreiche Kinder- und Jugend-
bücher, die mit vielen Preisen ausgezeichnet (so erhielt sie
1988 den Deutschen Jugendliteraturpreis für ihr Buch
„Die Wolke") und in insgesamt zehn Sprachen übersetzt
wurden. Das Buch „Frieden kommt nicht von allein" wurde
im Rahmen des Gustav-Heinemann-Friedenspreises 1983
mit dem Prädikat „besonders wertvoll" ausgezeichnet.

**Von Gudrun Pausewang
sind in den Ravensburger Taschenbüchern,
neben vielen Jugendromanen,
außerdem erschienen:**

RTB 52041
Auf einem langen Weg

RTB 52103
Das große Buch vom Räuber Grapsch

RTB 52144
Ich geb dir noch eine Chance, Gott!

Gudrun Pausewang

Friedens-Geschichten

Mit Bildern von Maria Satter

Ravensburger Buchverlag

Ravensburger Taschenbuch
Band 52024
Von der Autorin bearbeitete Fassung (1993)
© 1987 Ravensburger Buchverlag
Otto Maier GmbH
Erstmals in den Ravensburger Taschenbüchern
erschienen 1985 (als RTB 969)

Auswahl aus der Erstausgabe,
erschienen 1982 unter dem Titel
„Frieden kommt nicht von allein"
im Otto Maier Verlag Ravensburg

Umschlagillustration: Daniel Napp

**Alle Rechte dieser Ausgabe
vorbehalten durch
Ravensburger Buchverlag Otto Maier GmbH**

Printed in Germany

**Die Schreibweise entspricht den
Regeln der neuen Rechtschreibung.**

9 8 7 6 5   07 06 05 04 03

ISBN 3-473-52024-1

www.ravensburger.de

Die Birkenzweige   7

Sascha und Elisabeth   15

Heim nach Hamburg   24

Uri auf der Demo   35

Die Dinkelsbacher Weihnacht   44

Der Mann mit den Haken   56

Julius   62

Eine tolle Idee   70

Krieg spielen   77

Weg mit der Grenze!   88

Die Birkenzweige

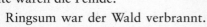

Es herrschte Krieg, aber es war trotzdem ein strahlender Morgen im Frühling. Ein Soldat lag versteckt hinter einem großen Stein am Ufer eines Bachs. Er sollte Wache halten, denn auf der anderen Bachseite waren die Feinde.

Ringsum war der Wald verbrannt. Sogar das Gras auf den Wiesen war an vielen Stellen verbrannt. Hier und dort stieg noch Rauch auf. Granaten hatten tiefe Löcher in die Erde geschlagen.

Vor dem Wald hatte ein Dorf gestanden, aber das war nicht mehr da. Nur noch ein paar Trümmer lagen herum. Die Leute, die dort gewohnt hatten, waren geflohen oder tot. Soldaten hatten hinter den Trümmern Zelte aufgeschlagen.

Auf der anderen Seite des Bachs hatte kein Wald gestanden. Aber die Felder, die dort lagen, waren zertrampelt und voller Löcher, und das Dorf zwischen den Feldern, das Nachbardorf von dem Dorf vor dem Wald, hatte nur noch zwei Häuser. Alle übrigen Häuser waren zerschossen worden, und niemand wohnte mehr darin, nur ein paar Soldaten mit ihren Gewehren versteckten sich hinter den umgestürzten Mauern.

Der Soldat am Bachufer hinter dem Stein rührte sich nicht, denn er wusste, dass die Feinde schießen würden, wenn sie ihn sähen. Er wollte nicht erschossen werden. Es war ein so schöner Frühlingstag.

Neben dem Stein wuchs eine kleine Birke. Sie war nicht verbrannt und nicht geknickt, sie hatte ganz hellgrüne Maiblätter. Die Mutter des Soldaten stellte solche Birkenzweige im Frühling immer in die Vasen.

Der Soldat war noch jung. Er war traurig, weil er nicht zu Hause sein konnte. Vorsichtig zog er ein Bild aus seiner grauen Uniform, ein Foto von seiner Mutter, und sah es an.

Auf der anderen Seite des Bachs hockte auch ein Soldat, einer von den Feinden. Er hockte hinter einem umgestürzten Baumstamm und schaute über den Bach. Auch er sollte Wache halten. Er hatte auch blaue Augen und braune Haare, genauso wie der Soldat hinter dem Stein, aber seine Uniform war braun, nicht grau, und er sprach eine andere Sprache.

Er dachte: Da hocke ich nun hier herum, zwischen zertrampelten Feldern und zerschossenen Dörfern. Wie schön wäre es jetzt, zu Hause zu sein, mitten im Frühling, und noch dazu an einem Sonntag. Dort drüben am anderen Ufer wächst so eine schöne Birke. Solche Birken wachsen auch bei uns zu Hause im Garten. Er zog ein Bild aus seiner Tasche, darauf war sein Haus zu sehen und seine junge Frau mit einem kleinen Kind auf dem Arm.

Wenn ich jetzt zu Hause wäre, dachte er, würde ich meinen kleinen Jungen auf den Schultern reiten lassen und würde mit ihm im Garten zwischen den Birken herumtoben. Aber statt heimgehen zu können, muss ich die Feinde am anderen Ufer totschießen, wenn ich welche sehe!

Der Soldat in der grauen Uniform hinter dem Stein dachte: Ich habe solchen Hunger. Aber es dauert noch drei Stunden, bis mich meine Kameraden ablösen.

Wenn ich wenigstens eine Zigarette rauchen könnte. Aber ich habe keine mehr.

Als er so dachte, schlief er langsam ein. Das war streng verboten, aber es war ein so stiller Morgen, ohne Geschrei und Kanonenlärm. Das war er gar nicht mehr gewohnt. Erst ließ er seinen Kopf auf die Brust sinken, dann sank er ganz auf die Erde. Er merkte nicht, dass er nun neben dem Stein lag und dass ihn jetzt die Feinde sehen konnten.

Auch der braune Soldat hinter dem Baumstamm hatte Hunger. Vor einer Stunde hatte er zwar erst eine Suppe gegessen, die seine Kameraden gekocht hatten, aber es war eine dünne Suppe gewesen, die nicht satt machte und nach nichts geschmeckt hatte.

Wenn ich wenigstens eine Zigarette rauchen könnte, dachte er. Aber mein Feuerzeug ist leer.

Er starrte auf das andere Ufer. Fast fielen ihm die Augen zu, so müde war er. Plötzlich sah er den grauen Soldaten neben dem Stein liegen. Er schaute genau hin und merkte, dass das kein toter Soldat war, denn ab und zu bewegte er sich. Er hob sein Gewehr und dachte: Na warte, dich erschieß ich jetzt.

Er zielte auf ihn, aber dann dachte er: Der schläft so fest, der schläft noch lange. Es ist ja auch ein so friedlicher Morgen. Ich lass ihn noch eine Weile leben. Erschießen kann ich ihn immer noch. Inzwischen werde ich die Gelegenheit nutzen und eine Hand voll Wasser trinken.

Er kletterte zum Bach hinunter und bückte sich zum Wasser. Da sah er, dass es hier Forellen gab. Manchmal standen sie reglos unter den Ufersteinen, manchmal flitzten sie übermütig hin und her.

Er war sehr erstaunt, denn in der ganzen Umgebung gab es keine Tiere mehr, nicht einmal Hasen. Alle waren tot oder geflüchtet. Aber diese Forellen lebten hier, als sei nichts geschehen.

Er hatte als kleiner Junge von seinem Vater gelernt, wie man Forellen mit der Hand fängt. Er war geradezu ein Meister darin gewesen. Jetzt vergaß er ganz und gar, dass er Soldat war und Wache halten sollte und sich vor den Feinden in Acht nehmen musste. Er dachte nur noch an die Forellen.

Er beugte sich über den Bach und beobachtete sie eine Weile, dann fuhr er mit der Hand ins Wasser. Weg war sie, die größte. Freilich, er war nicht mehr richtig in Übung. Aber es wäre doch gelacht, wenn er keine bekäme.

Beim vierten Versuch hatte er sie – zwar nicht die dickste, aber doch eine schöne. Den zappelnden Fisch in der Hand, richtete er sich freudestrahlend auf. Im gleichen Augenblick erwachte der graue Soldat und sah den braunen Soldaten unten am Bachufer knien.

Noch halb verschlafen griff er nach seinem Gewehr.

»Lass das doch!«, rief der braune Soldat von unten herauf. »Siehst du nicht, dass es hier Forellen gibt? Stell dir vor: Forellen!«

Der graue Soldat konnte ihn nicht verstehen, weil er eine andere Sprache sprach. Trotzdem verstand er, was der andere sagen wollte. Forellen! Er sah sie ja in seiner Hand. Wie lange hatte er keine Forellen mehr gegessen. Die aßen sie daheim immer an großen Feiertagen. Aber wenn ihn der Kerl da unten erschoss?

Der Soldat am Ufer verstand, was der Soldat neben dem Stein dachte. Er zeigte hinauf zum Baumstamm. Dort lag sein Gewehr. Da kletterte der graue Soldat zum Ufer hinunter. Dort war das Gras nicht verbrannt. Tauperlen glitzerten daran. Der braune Soldat sprang über ein paar Steine hinüber zum grauen und hockte sich neben ihn. Er zeigte ihm den Fisch. Dann holte er noch einen zweiten aus dem Bach und nach einer Weile noch einen dritten. Aber danach hatte er kein Glück mehr: Die Forellen versteckten sich.

Der graue Soldat nickte ihm zu. Das sollte heißen: Donnerwetter, was du kannst! Aber nun kam ihm auch eine Idee. Er zeigte dem braunen eine Streichholzschachtel, die noch fast voll war.

Der braune Soldat strahlte vor Freude, und beide suchten Holz für ein kleines Feuer zusammen, mal auf der einen, mal auf der anderen Uferseite, aber so, dass man sie von den beiden Dörfern aus nicht sehen konnte, denn sie waren ja eigentlich Feinde, und es war ihnen streng verboten, Freunde zu sein.

Sie hockten sich an das Feuer, schlitzten die Fische auf und spießten sie an Stöckchen. Damit hielten sie sie nahe ans Feuer, bis sie gar waren. Jeder aß eine ganze Forelle, und die dritte teilten sie genau in der Mitte. Dass Rauch von dem kleinen Feuer aufstieg, war nicht weiter gefährlich, denn es rauchte ja noch an vielen Stellen von Bränden und Einschlägen. Die anderen Soldaten würden sich nicht darüber wundern.

Aber bald sollte der graue Soldat abgelöst werden. Es war nur noch eine knappe Stunde Zeit. Sie warfen Erde auf die Glut und setzten sich noch eine kleine Weile nebeneinander vor den Feuerplatz, nur so lange, wie sie für eine Zigarette brauchten.

Der braune Soldat gab dem grauen eine Zigarette ab, und der graue schenkte dem braunen fünf Streichhölzer. Mehr konnte er ihm nicht geben, weil er schon für das Feuer ein paar Streichhölzer verbraucht hatte, und er wusste nicht, wann er wieder neue bekommen würde. Während sie rauchten, zeigten sie sich gegenseitig ihre Fotos. Sie flüsterten miteinander. Jeder sprach in seiner Sprache, aber sie verstanden sich doch, und bevor sie auseinander gingen, jeder auf seine Uferseite, brach der graue Soldat von der schimmernden Birke zwei kleine Zweige ab.

Einen davon steckte er sich in das Netz, das er über seinem Stahlhelm trug, den anderen reichte er dem braunen Soldaten, der ihn auch auf seinem Stahlhelm befestigte. Sie gaben sich die Hand und lächelten sich an, dann kletterte der braune Soldat wieder hinter seinen Stamm und der graue hinter den Stein.

Eine Viertelstunde später kam ein Kamerad des grauen Soldaten vorsichtig von Baum zu Baum, von Felsblock zu Felsblock angerobbt, um ihn abzulösen.

„Kein Feind zu sehen?", fragte er.

„Kein Feind", antwortete der Graue.

„Was hast du denn da für einen ulkigen Zweig auf dem Helm?", flüsterte der Neue. „Meinst du, man sieht dich damit nicht? So wie der leuchtet! Mitten zwischen dem verbrannten Gras und all der Asche!"

„Soll man mich ruhig damit sehen", antwortete der Graue.

„Du bist wohl verrückt?", zischte der Neue. „Du willst wohl ausgerechnet zu Pfingsten eine Kugel in den Kopf kriegen!"

„Ist heute Pfingsten?", fragte der Graue. „Ich dachte, es sei ein ganz gewöhnlicher Sonntag im Mai. Jedenfalls sag ich dir das eine: Ich schieß nicht mehr. Ich hab's satt. Ich erschieß keinen Menschen mehr."

„Wirklich, du spinnst", antwortete der Neue.

„Wenn du nicht schießt, erschießen sie dich. So was lässt sich weder Feind noch Freund gefallen. Willst du etwa vor ein Kriegsgericht?"

„Es ist mir egal", sagte der Graue laut und stand auf. Er stand neben der Birke.

„Bist du wahnsinnig?", rief ihm der Neue zu. „Bück dich doch! So kann man dich ja meilenweit sehen!"

„Na, wenn schon", sagte der Graue. „Sollen sie mich ruhig sehen." Und er ging aufrecht die Böschung hinauf.

Sascha und Elisabeth

Sascha war der schlimmste Junge im Viertel. Er rief Schimpfwörter hinter den Leuten her und raufte mit allen Jungen, er schwänzte oft die Schule, riss Blumen aus den Vorgärten und klaute zuweilen eine Apfelsine aus Frau Beyers Obstladen. Fast immer lief ihm die Nase. „Ein unausstehlicher Bursche", sagte Frau Beyer, und das fanden alle. Das fanden sogar seine Eltern. Weil ihn niemand mochte, hatte er auch keine Freunde. Und weil er keine Freunde hatte und immer allein herumstrolchen musste, wurde er immer unausstehlicher.

„Er ist selber schuld daran, dass niemand mit ihm spielen will", sagten die Kinder im Viertel. „Warum ist er auch so böse!"

Die sind schuld daran, dass ich so bin, dachte Sascha. Niemand will was mit mir zu tun haben.

Im Viertel gab es noch jemanden, der allein war. Das war die alte Elisabeth in der Mauergasse. Sie konnte nicht mehr gehen, seit sie unter ein Auto geraten war. Das war schon viele Jahre her. Seitdem saß sie in einem Rollstuhl und hatte für ihre Verwandten und auch für fremde Leute gestrickt. Aber mit der Zeit waren ihre Augen immer schlechter geworden, bis sie gar nichts mehr sehen konnte. Jetzt war sie blind und konnte nicht mehr stricken.

Ihre Schwester oder ihr Schwager schob sie im Rollstuhl jeden Morgen nach dem Frühstück, wenn es nicht gerade regnete oder schneite, unter das Vordach hinter dem Haus und drückte ihr ein Tütchen Bonbons in die Hand. Erst zum Mittagessen holten sie sie wieder herein. Den Nachmittag verbrachte die alte Elisabeth auch wieder einsam hinter dem Haus in dem winzigen Gärtchen. Niemand unterhielt sich mit ihr, niemand beschäftigte sich mit ihr. Wozu lebe ich noch?, dachte sie. Ich tauge zu nichts mehr. Ich wollte, ich wäre tot.

Da geschah es durch einen Zufall, dass Sascha und Elisabeth, die beiden Einsamen des Viertels, plötzlich zusammenfanden. Das kam so:

Sascha, ewig herumstreunend, kletterte an einem sonnigen Vormittag, als alle anderen Kinder in der Schule waren, aus purer Neugier über die Reste der alten Stadtmauer, gerade dort, wo Elisabeth verlassen im Gärtchen saß. Sie konnte zwar nichts sehen, aber umso besser hören. Sie hörte jemanden die Nase hochziehen.

„Ist da wer?", fragte sie.

„Niemand, du blöde Eule", antwortete er.

Elisabeth war so überrascht und froh, dass sie Saschas freche Antwort überhörte. Eine Kinderstimme hatte ihr geantwortet, ein Kind war zu ihr gekommen – wo sie doch Kinder so gern hatte!

„Wie schön, dass du mich besuchst", sagte sie.

Sascha war sprachlos: Er hatte sie blöde Eule genannt, und sie freute sich trotzdem? Noch nie hatte er erlebt, dass sich jemand freute, wenn er auftauchte.

Er wich an die Mauer zurück, hinter der er den Kirchplatz wusste. Die Zwille, die er schon aus der Hosentasche gezogen hatte, um die alte Frau mit Steinchen zu beschießen, ließ er wieder verschwinden. Schließlich konnte er nicht auf sie schießen, wenn sie sich freute, ihn zu sehen.

„Ich heiße Elisabeth", sagte die Frau im Rollstuhl. „Und du?"

Sascha nannte verlegen seinen Namen.

„Ach, Sascha", sagte Elisabeth, „du glaubst gar nicht, wie froh ich bin, dass du mir ein bisschen Gesellschaft leistest. Magst du ein Bonbon?"

Das mochte er, und schon war er neben dem Rollstuhl.

„Du musst entschuldigen, wenn ich vielleicht manchmal an dir vorbeischaue", sagte Elisabeth. „Ich sehe nämlich nichts."

Das ist ein Trick, dachte Sascha misstrauisch und streckte ihr die Zunge heraus.

Aber sie zeigte sich weder erschreckt noch entrüstet.

Das verwirrte ihn.

„Gar nichts?", fragte er bestürzt.

„Nichts", antwortete sie. „Dafür höre und fühle und rieche ich besser als andere Leute. Reich mir mal deine Hand. An deiner Hand kann ich fühlen, wie alt du ungefähr bist."

Sascha gab ihr seine schmutzige Hand. Sie nahm sie zwischen ihre runzeligen Hände und dachte einen Augenblick nach.

„Acht", sagte sie.

„Stimmt", antwortete er erstaunt. „Das könnte ich nicht."

„Du hast ja auch keine Übung im Blindsein", sagte sie. „Und du hast noch nicht so viele Kinderhände in deiner Hand gehabt wie ich. Ich habe sechs Jahre in einem Kinderkrankenhaus gearbeitet, und außerdem hatte ich ja auch vier eigene Kinder."

„Wohnen die da drin?", fragte Sascha und zeigte mit dem Kinn zum Haus hinüber.

„Oh nein", antwortete Elisabeth und seufzte. „Gerda ist mit neun Jahren an Scharlach gestorben, und die Jungen sind im Krieg gefallen."

Sascha betrachtete sie eine Weile nachdenklich, dann fragte er: „Und warum sitzt du in so einem Wagen?"

„Mein Rücken ist kaputt, meine Wirbelsäule."

„Ist eine Bremse dran?", fragte er interessiert.

„Ja", sagte sie und tastete nach der Bremse. „Aber ich stehe ja nur immer hier im Gärtchen."

„Wenn du willst", sagte Sascha zögernd, „fahre ich dich mal im Garten rum."

„Das wäre herrlich", seufzte Elisabeth, „wenn ich ein bisschen näher an die Rosen herankäme. Sie duften so."

Sascha löste die Bremse und schob Elisabeth durch das Gärtchen. Dabei ahmte er die Geräusche eines Autos nach. Das konnte er großartig. Man hörte richtig den Motor aufheulen. Aber sie waren noch nicht bei den Rosen angekommen, als ein Fenster aufging und eine zornige Stimme rief: „Was soll denn das? Hast du den Bengel in den Garten gelassen, Lisbeth?"

„Er tut nichts Böses", antwortete Elisabeth. „Er schiebt mich zu den Rosen hinüber. Darum habe ich ihn gebeten."

„Musst du unbedingt den ungezogensten Bengel des Viertels in unseren Garten locken?", rief die Stimme.

„Du irrst dich", sagte Elisabeth ruhig. „Dieser hier ist kein Bengel und auch nicht ungezogen."

„Was weißt denn *du*!", tönte die Stimme heiser.

Aber dabei blieb's. Das Fenster schloss sich, und Sascha schob den Rollstuhl zu den Rosen.

„Wunderbar", rief Elisabeth. „Was für ein Duft! Riech doch mal –"

Sascha schnupperte. Wirklich, er konnte die Rosen auch riechen. Sie rochen so sanft.

„Ich habe mir schon so lange gewünscht, zu den Rosen zu kommen", sagte Elisabeth glücklich, „aber niemand hat Zeit für mich gehabt. Kennst du die Geschichte von der Nachtigall und der Rose?"

Sascha kannte sie nicht, und Elisabeth erzählte sie ihm. Die war so ganz anders als das, was er bisher gehört hatte, dass er mit offenem Mund lauschte.

Da schlug die Kirchenuhr zwölf.

Sascha hörte den Lärm der Kinder, die aus der Schule stürmten.

„Jetzt muss ich gehen", sagte er hastig. „Aber am Nachmittag komm ich wieder."

„Schieb mich bitte erst unter das Dach zurück", sagte Elisabeth. „Und vergiss nicht zu kommen. Ich warte auf dich."

Er kam. Er brachte ihr eine Apfelsine mit, die er bei Frau Beyer geklaut hatte.

„Die riecht auch", sagte er und hielt sie ihr vors Gesicht.

Am nächsten Tag war er wieder da, mit einer verstaubten Löwenzahnblüte. Am dritten Tag schob er Elisabeth durch das ganze Viertel und erzählte ihr, was er sah.

Die Leute staunten.

„Ist das wirklich Sascha?", fragten sie einander. „Man kann doch die alte blinde Frau nicht so einem Burschen wie Sascha anvertrauen. Der ist imstande, sie irgendwo stehen zu lassen!"

Aber da kannten sie Sascha schlecht. Er war zuverlässig. Er ließ Elisabeth nirgends stehen.

Er kam jeden Nachmittag zu ihr, und fast immer brachte er ihr etwas mit: mal eine Raupe, die er über ihre Hand kriechen ließ, mal ein Tütchen Brausepulver, das nicht einmal gestohlen war, oder einen Stängel Kamille, den er vor ihrer Nase zerrieb.

Wenn das Wetter schön war, fuhr er sie durch das Viertel. Danach machten sie zusammen Hausaufgaben – denn Elisabeth hatte erreicht, dass er nicht mehr schwänzte.

Waren die Hausaufgaben fertig, erzählte Elisabeth eine Geschichte. Geschichten mochte Sascha besonders gern.

Manchmal sangen sie auch zusammen. Sascha hatte eine schöne Stimme. Das hatte er bisher nicht gewusst. Elisabeth brachte ihm viele Lieder bei. Am liebsten sang er *Sah ein Knab' ein Röslein stehn*. Bald konnten sie zweistimmig singen. Das klang wirklich gut.

Wenn es zu dämmern begann, kam Elisabeths Schwester heraus und schob Elisabeth ins Haus.

„Bis morgen!", rief ihr Sascha nach.

„Bis morgen, Sascha – und gib gut Acht bei dem Diktat!", rief Elisabeth zurück und winkte.

Zwei Jahre lang waren sie unzertrennlich. Elisabeth langweilte sich nicht mehr im Gärtchen, und Sascha zog nicht mehr die Nase hoch und war nicht mehr der Schrecken des Viertels.

„Ist es nicht rührend, wie er sich um die alte Frau kümmert?", sagten jetzt die Leute zueinander. „Wer hätte ihm das zugetraut?"

Sein Zeugnis besserte sich. Er hatte keine Angst mehr vor der Schule. Es kam sogar so weit, dass ihn die Lehrerin lobte.

„Das ist ein sehr schöner Aufsatz", sagte sie. „Woher hast du denn diese Geschichte?"

„Von Elisabeth", antwortete er.

„Wer ist Elisabeth?", fragte die Lehrerin erstaunt.

„Meine Freundin", sagte Sascha.

Im Winter wurde es schwierig. Es war Elisabeth zu kalt im Garten. Aber sie setzte schließlich durch, dass Sascha in ihr Zimmer kommen durfte.

Saschas Eltern kümmerten sich nicht um seine Freundschaft. Ihnen war es nur recht, wenn er sich bei Elisabeth aufhielt. Sie hatten keine Zeit für ihn. Elisabeth war immer für ihn da. Sie freute sich jeden Tag auf Sascha. Sie wurde richtig munter und bekam rosige Bäckchen, und sie sang nicht nur, wenn Sascha bei ihr war. Ja, sie erreichte, dass ihre Schwester ihr ein kleines Radio kaufte, und da hörten sie zusammen Musik. Und Sascha erzählte ihr das Neueste aus dem Viertel und brachte ihr die Fußballregeln bei.

Aber plötzlich starb Elisabeth.

Es war nur ein ganz kleines Begräbnis: Hinter dem Sarg gingen ihre Schwester und ihr Schwager, und danach kamen noch ein paar Leute aus der Nachbarschaft und eine Schulfreundin. Aber ein Stück vom Grab entfernt, hinter einem großen Fliederbusch verborgen, stand Sascha und weinte. Er zog die Nase so laut hoch, dass sich Elisabeths Schulfreundin erstaunt umschaute.

Ein paar Tage später rief Elisabeths Schwester Sascha zu sich, als er auf der Mauer kauerte und in das leere Gärtchen starrte: „Komm auf einen Sprung herein", sagte sie. „Du kannst dir das kleine Radio abholen. Meine Schwester hat bestimmt, dass du es haben sollst."

Er sprang von der Mauer hinab und durchquerte das Gärtchen. Die Rosen dufteten. Der ganze Garten duftete nach Elisabeth. Unter dem Vordach stand noch der Rollstuhl.

Elisabeths Schwester reichte ihm das Radio aus dem Fenster.

An der Antenne hing ein Zettel, darauf stand in Elisabeths krakeliger Schrift:

FÜR MEINEN LIEBEN FREUND SASCHA
VON SEINER ELISABETH

Da musste Sascha wieder die Nase hochziehen.

Heim nach Hamburg

Henning Bott war sieben Jahre alt, als er von daheim fortmusste. Das war knapp zwei Jahre vor dem Ende des letzten Krieges. Fast jede Nacht fielen Bomben auf Hamburg, und die Leute, die dort lebten, mussten die meisten Nächte in den Luftschutzkellern zubringen. Deshalb wurden ganze Schulklassen mit ihren Lehrern in Gegenden gebracht, wo keine Bomben geworfen wurden.

Auch Henning Bott war dabei. Zusammen mit dreiundsiebzig Kindern und zwei Lehrern kam er in eine große Baracke in der Nähe eines Dorfes im Riesengebirge. Die Kinder schliefen in Stockwerkbetten, in denen früher Arbeitsdienstmänner geschlafen hatten. Frauen aus dem Dorf kochten für sie in der Barackenküche. Von den beiden Lehrern wurden sie unterrichtet. Sie bekamen wieder rote Backen und nahmen zu, denn sie brauchten keine Angst mehr zu haben und konnten die Nächte durchschlafen.

Trotzdem weinten viele von ihnen, bevor sie abends einschliefen. Henning auch. Er dachte an seine Mutter, die mit seiner kleinen Schwester in Hamburg geblieben war. Seine Mutter war Köchin. Sie arbeitete in der Kellerküche eines Krankenhauses, in dem Bombenverletzte gepflegt wurden. Die kleine Anita hatte sie immer bei sich. Die war fünf Jahre alt. Hier im Keller war sie sicherer aufgehoben als in der Wohnung von Mutters Nachbarin, Frau Koschlik, die sich angeboten hatte, tagsüber auf das Kind aufzupassen.

Henning war früher auch mit in der Kellerküche gewesen, so lange, bis er hatte zur Schule gehen müssen. Er konnte sich Anita gut vorstellen, wie sie still mit ihrer Stoffpuppe in einer Ecke zwischen Trockengemüse-Kartons und Kartoffelsäcken spielte. Er stellte sich auch oft seine Mutter vor, wie sie in den Kesseln rührte, Kartoffeln schälte und mit gerötetem Gesicht in all dem Dunst und Dampf hin und her lief. Er dachte an Anitas blondes Kraushaar und Mutters glattes dunkles Haar, um das sie ein Tuch wie einen Turban zu schlingen pflegte.

Abends und jeden zweiten Sonntag waren sie in ihrer Wohnung gewesen, in der Vaters Bild hing.

Der Vater war vermisst. An ihn konnte er sich nur dunkel erinnern.

„Der wird wohl tot sein", hatte er Frau Koschlik zur Frau Altmann sagen hören, die unter den Botts wohnte, „wie die meisten Vermissten."

Die Wohnung lag im vierten Stock eines roten Backsteingebäudes. Es war eine schöne kleine Wohnung, zwei Zimmer und Küche. In dem einen Zimmer hatten sie alle drei geschlafen: Anita und er in einem Bett, die Mutter im anderen. Im Schlafzimmer stand noch das Gitterbettchen, in dem Anita und er als Säuglinge geschlafen hatten. Aber das war längst für sie beide zu klein geworden. Und weil der Vater ja nicht da war, hatte die Mutter gesagt: „Schlaft neben mir, damit ich euch gleich bei der Hand habe, wenn die Sirene geht."

Die Nächte im Luftschutzraum waren schrecklich gewesen: alle Leute aus dem Haus in einen kleinen Kellerraum gepresst, bei trübem Funzellicht, in Decken und scheußlichen Mief gehüllt. Manchmal krachte es in der Nähe, manchmal weiter weg, und bei jedem Einschlag seufzte der alte Herr Jürgensen: „Oh mein Gott." Manchmal war eine Bombe so nahe gefallen, dass die Kellerwände gezittert hatten und Putz von der Decke gerieselt war.

Es waren wirklich schreckliche Nächte gewesen, und doch sehnte sich Henning nach ihnen. Die Mutter hatte Anita auf dem Schoß gehalten, und Anita hatte ruhig geschlafen. „Du, Henning, bist ja mein Großer", hatte die Mutter zu ihm gesagt, „und ich hab nur einen einzigen Schoß. Lehn dich an mich und schlaf, so gut du kannst."

Dann hatte er sich an die Mutter gelehnt und war an ihrer Hüfte eingeschlafen. Manchmal hatte er Anitas rundliches Bein umfasst. Das war weich und warm gewesen.

Gewiss, der alte Lehrer Heimke strich Henning manchmal über den Kopf, und auch die junge Lehrerin kümmerte sich um ihn. Aber es waren noch dreiundsiebzig andere Kinder in der Baracke, die auch über den Kopf gestrichen haben wollten. Und die junge Lehrerin musste sich um sie alle kümmern. Seine Mutter hatte nur Anita und ihn. Ach, Mutti!

So schluchzte er jeden Abend in sein Kissen, bis er einschlief.

Manchmal kam ein Brief von der Mutter. Den las ihm Herr Heimke vor, denn mit dem Lesen haperte es bei ihm. Er ging ja noch in die erste Klasse.

„Mein lieber Henning", hörte er Herrn Heimke lesen, „wie geht es dir? Kannst du schon lesen und schreiben? Uns geht es, Gott sei Dank, noch gut. In der letzten Woche haben wir vier Nächte im Keller gesessen. Nicht weit vom Krankenhaus ist eine Bombe gefallen. Oben in den Krankensälen sind alle Scheiben kaputtgegangen, nur unten in der Küche nicht. Walzels Bäckerei ist auch weg. Nur noch ein Schutthaufen. Ich stricke dir einen Pullover, rot und grün, aus aufgeribbelter Wolle. Hast du noch genug Strümpfe? Lern fleißig, damit du mir bald selber schreiben kannst. Und vergiss nicht, tüchtig zu essen, damit du groß und stark wirst. Sei nicht traurig, mein Junge. Bald ist der Krieg aus, dann kommst du wieder heim zu uns, und alles ist so wie früher. Deine dich liebende Mutter."

Henning trug jeden Brief seiner Mutter lange in der Hosentasche herum. Er bat ältere Kinder oder die Frauen in der Küche, die Briefe immer und immer wieder vorzulesen. Er bemühte sich, schreiben zu lernen, tüchtig zu essen und nicht traurig zu sein. Jede Woche fragte er Herrn Heimke mehrmals: „Ist der Krieg bald zu Ende?" Dann schüttelte der alte Lehrer jedes Mal traurig den Kopf und sagte: „Noch nicht, mein Junge, noch nicht."

Der Pullover kam in einem Päckchen an. Er roch nach der Mutter. Henning trug ihn Tag um Tag und wollte ihn nicht waschen lassen. Der Junge kam ins zweite Schuljahr, wuchs ein Stück und konnte nun schon selber kleine Briefe schreiben. Er schrieb:

Liebe Mutti!
Bitte schick mir ein Bild von dir und Anita. Deinen Pullover habe ich oft an. Ich schlafe jetzt im oberen Bett. Gestern sind wir Blaubeeren pflücken gegangen. Ich habe eine Mandelentzündung gehabt! Manchmal muss ich heulen, weil der Krieg so lange dauert.
Viele Grüße
dein Henning.

Kurz vor dem Weihnachtsfest – dem zweiten, das Henning im Riesengebirge feiern musste – erhielt er ein Päckchen aus Hamburg mit einem selbst gestrickten Hampelmann, zwei Paar Strümpfen, einigen Plätzchen und einem Foto, auf dem die Mutter und Anita zu sehen waren. Anita war jetzt nicht mehr so pummelig, und sie trug Zöpfe. Die Mutter hatte eine Bluse an, die er nicht kannte. Er steckte das Bild in seinen Pullover und trug es auf der Brust herum. Immer wieder zog er es heraus, zeigte es den anderen und betrachtete es liebevoll. Den Hampelmann legte er in sein Bett und schmiegte sich an ihn, wenn er Heimweh bekam.

Nach diesem Weihnachtsfest bekam Henning nur noch einmal Post von daheim, dann nichts mehr. Auch die anderen Kinder bekamen keine Post mehr.

„Der Postbetrieb funktioniert nicht mehr", erklärte Herr Heimke.

„Wird der Krieg jetzt bald zu Ende sein?", fragte Henning hoffnungsvoll.

„Ich glaube, ja", meinte Herr Heimke. „Die Russen sind schon bei Breslau."

„Dann kann ich heim!", jubelte Henning.

Er sah nicht, wie traurig ihm Herr Heimke nachschaute. Er hörte auch nicht, wie Herr Heimke zu der verschreckten jungen Lehrerin sagte: „Wer weiß, ob einer von uns das Kriegsende überlebt –"

Eines Tages im Frühling war der Krieg wirklich zu Ende. Fremde Soldaten erschienen, brüllten herum in einer fremden Sprache, strichen den Kindern über die Köpfe und nahmen Herrn Heimke mit. Der kam nicht wieder. Die junge Lehrerin hatte sich hinter einem Bretterstapel versteckt und weinte und ließ alles geschehen, wie es geschah.

„Wir haben Hunger", jammerten die Kinder, denn die Frauen aus dem Dorf waren nicht gekommen, um zu kochen.

„Geht ins Dorf und seht, ob euch die Leute was zu essen geben", schluchzte die Lehrerin.

Aber Henning ging nicht ins Dorf. Als die anderen Kinder fortgeschwärmt waren und in der Baracke nur ein paar Fliegen summten, packte er seinen Ranzen. Er tat nur hinein, was ihm gehörte: Schiefertafel und Griffel, Pantoffeln, die Strümpfe und den grünroten Pullover, das bisschen Wäsche, das er besaß, und den Hampelmann. Die Zahnbürste vergaß er.

Die Briefe von seiner Mutter und das Foto schob er in sein Hemd. Dann rannte er mit dem Ranzen auf dem Rücken nach Nordwesten davon. Er wusste, in welcher Richtung Hamburg lag. Das hatte er sich gleich in den ersten Tagen von Herrn Heimke zeigen lassen.

Er brauchte sieben Wochen für den Weg. Er fragte jeden, dem er begegnete: „Geht's hier lang nach Hamburg?" Er fragte auch die fremden Soldaten. Einer nahm ihn ein Stück auf seinem Pferdewagen mit, ein anderer auf dem Lastauto. Ein dritter, neben dem er herlief, gab ihm eine Ohrfeige, weil er die hartnäckige Fragerei nicht verstand. Manchmal, an Straßenkreuzungen, wartete Henning lange, bis jemand kam, den er fragen konnte. Zuweilen schlug er auch die falsche Richtung ein und machte Umwege. Vier Tage lang wanderte er mit einem Soldaten, der aus der Gefangenschaft kam und nur hinken konnte, weil ihm in Russland die Zehen abgefroren waren. Am fünften Tag blieb der Soldat im Straßengraben liegen und stöhnte nur noch. Am sechsten Tag starb er. Da trottete Henning wieder allein weiter.

Er bettelte sich durch die Dörfer und machte große Bögen um die Städte, in denen die Leute selber nichts zu essen hatten und die meisten Häuser in Trümmern lagen. Er schlief in Scheunen oder verlassenen Höfen oder Ruinen. War das Wetter schön, schlief er auch im Wald oder auf der Wiese, den gestrickten Hampelmann im Arm. Der wärmte ihn.

Bei Lauban tauschte er Schiefertafel und Griffel für ein halbes Brot ein, um nicht zu verhungern.

Bei Muskau trennte er sich für ein Stück Speck von dem einen Paar Strümpfe, in Lübbenau vom anderen Paar für ein Säckchen Haferflocken, die er roh aß.

Hinter Dahme musste er seine Schuhe wegwerfen. Die Sohlen waren ganz und gar durchgelaufen. Er lief in seinen Pantoffeln weiter.

Vor Treuenbrietzen geriet er in einen Gewittersturm und bekam einen Tag danach hohes Fieber. Über eine Woche lag er im Heuschuppen eines Bauern, dessen Frau ihm dreimal am Tag einen Becher Milch brachte. Ins Haus wollte sie ihn nicht nehmen, weil sie Angst hatte, ihre Kinder könnten sich anstecken. Schmal und mager stolperte er danach weiter.

Bei Genthin war es auch aus mit seinen Pantoffeln. Er musste barfuß gehen. Aber in einem Straßengraben, nicht weit von Jerichow, fand er einen schwarzen Halbschuh, einen linken, der war noch gut, nur zwei Nummern zu groß. Er nahm ihn mit in der Hoffnung, einen zweiten Schuh dazu zu finden. Den fand er auch – einundzwanzig Kilometer weiter, einen braunen, hohen, in dem seine Zehen vorn schon anstießen. Gott sei Dank war es ein rechter. Jetzt konnte er also wieder in Schuhen weiterwandern. Anfangs machten sie ihn wund, denn er besaß ja keine Strümpfe mehr. Aber dann gewöhnten sich die Füße an die Wunden und an die Schuhe.

Für den guten Lederranzen nahm ihn ein Mann heimlich mit über die Grenze in den Westen. Von einem Bauernwagen stahl er einen leeren Kartoffelsack und tat da seinen Hampelmann, seinen Pullover und sein bisschen Wäsche hinein. Nachts schlief er in dem Sack.

Anfangs hatte er die Wäsche an Flussufern gewaschen. Später wusch er sie nicht mehr. Er wollte auf seinem Weg nach Hamburg keine Zeit verlieren. Nur manchmal, wenn er sehr müde und verzweifelt war, setzte er sich am Wegrand nieder und zog Briefe und Foto aus dem Hemd. Aber die Briefe zerfielen schon und waren unleserlich geworden, und auf dem Foto waren Mutter und Anita kaum mehr zu erkennen. Trotzdem küsste er es jedes Mal, bevor er es wieder ins Hemd zurückschob.

Zwischen Dannenberg und Hitzacker wurde er neun Jahre alt. Er wusste es nur nicht.

Hinter Hitzacker sagte ihm jemand: „Nach Hamburg? Dann halte dich immer am Elbufer. Die Elbe fließt durch Hamburg."

Vor Geesthacht entriss ihm ein Elfjähriger, der auch elternlos war und nicht mehr wusste, wo er hingehörte, den Sack mit Pullover, Wäsche und Hampelmann und rannte damit fort. Henning weinte dem Hampelmann nach, er schrie und klagte und sprach noch bis zur nächsten Elbbrücke laut mit ihm, den der fremde Junge schon längst für drei Brötchen eingetauscht hatte.

Aber als er über der Brücke war und jemand ihm auf seine Frage antwortete: „Dort siehst du Hamburg liegen, mein Junge", da vergaß er den Hampelmann und rannte los. Er rannte immer tiefer in die Ruinen hinein, er lief zwischen den Trümmerbergen der Innenstadt hin und her, er kannte sich nicht mehr aus. Und der Name der Straße, in der das rote Backsteinhaus lag, wollte ihm nicht mehr einfallen.

Er suchte die halbe Nacht. In einer Mauernische rollte er sich zusammen, die Jacke unter dem Kopf. Am nächsten Morgen war die Jacke weg. Jemand hatte sie ihm gestohlen. Aber das war jetzt alles nicht mehr wichtig. Heute, ja heute würde er seine Mutter wieder sehen, und die würde ihm einen neuen Hampelmann stricken und eine neue Jacke besorgen!

Er geriet an eine Kirche, die ausgebrannt war. Sie kam ihm bekannt vor. Dann erinnerte er sich, dass er auf seinem Schulweg an dieser Kirche vorübergekommen war. Die Schule musste also dort liegen, das rote Backsteinhaus da. Er lief, er rannte. Er erkannte die Bäckerei Walzel an der Ecke. Sie war weg, aber die Stufen waren noch da. Auch die beiden nächsten Häuser lagen als Schuttberge halb auf der Straße. Und das hohe rote Backsteinhaus? Auf der linken Seite musste es liegen. Oh ja, er entdeckte es, dort war es, dort warteten seine Mutter und Anita auf ihn!

Als er nur noch zwei Hausfronten zwischen sich und dem roten Gebäude hatte, erkannte er plötzlich, dass es eine Ruine war. Fensterhöhlen gähnten, Rußspuren zogen sich an der Fassade hinauf. Hinter dem aufgerissenen Türloch, wo das Treppenhaus gewesen war, lag ein Schuttberg. Und als Henning an der Hausfront emporschaute in der irren Hoffnung, dort oben könne noch ein unversehrtes viertes Stockwerk sein, erkannte er, dass auch kein Dach mehr da war und auch kein vierter Stock.

Wie betäubt senkte er den Blick. Da entdeckte er große Buchstabenreihen an der Backsteinmauer. Sie waren mit Kreide oder Kohle von verschiedenen Schreibern an die Wand gekritzelt worden. Mühsam entzifferte er Zeile für Zeile:

FRAU KOSCHLIK TOT

JÜRGENSEN VERSCHOLLEN

FENDEL WILLI UND BERTA TOT,

ERNA MIT KINDERN IN OLDESLOE

ALTMANNS IN BEVENSEN, MOZARTSTRASSE 13

FRAU BOTT UND ANITA TOT (HENNING?)

Henning las nicht weiter. Er blieb lange stehen und starrte die Buchstaben an. Nach einer Weile schlurfte er durch das Türloch in den düsteren Flur und ließ sich auf den Schutthaufen fallen.

Uri auf der Demo

Die Wallbergs sind eine große Familie: die Kinder Änne, Robert und Frank, die Eltern, eine Großmutter und eine Urgroßmutter, Uri genannt. Sie ist Großmutters Mutter. Sie ist schon zweiundneunzig Jahre alt, winzig klein und verrunzelt wie eine Backpflaume. Den ganzen Tag sitzt sie in einem Ohrensessel, der so mächtig ist, dass man sie kaum darauf sieht. Sie ist fast blind. Aber sie hört noch sehr gut.

Meistens schweigt sie und hört den anderen zu. Manchmal schüttelt sie den Kopf über das, was sie hört. Oft vergessen die übrigen Familienmitglieder, dass sie noch da ist. Der Arzt hat gesagt, ihr Herz sei gesund, sie könne hundert Jahre alt werden.

Änne ist eigentlich kein Kind mehr. Sie ist schon achtzehn. Sie geht ins Gymnasium. An einem Mittwoch kam sie nach Hause und sagte: „Am Sonntag geh ich auf die Demo. Wer kommt mit?"

„Ich", sagte Robert.

„Ich auch", sagte Frank.

„Misch du dich doch nicht in so politisches Zeugs!", rief die Großmutter Änne zu. „Wer weiß, welchen Strick man dir daraus drehen kann. Am Ende kriegst du deshalb keine Anstellung, wenn du mit dem Studium fertig bist –"

„Ihr werdet euch doch nicht in solche Gefahr begeben", ängstigte sich die Mutter. „Man sieht's ja im Fernsehen, wie das auf Demos zugeht. Die Polizisten werden auf euch einknüppeln, und am Ende kommt Änne ins Gefängnis, weil man sie für eine Rädelsführerin hält."

„Wir gehen trotzdem mit", sagte Robert. „Wir alle drei."

„Kommt gar nicht in Frage", sagte der Vater. „Du, Robert, bist fünfzehn, und Frank ist dreizehn. Ihr seid beide noch nicht volljährig. Noch habe *ich* über euch zu bestimmen. Wenn Änne sich in solche zweifelhaften Abenteuer stürzen will, ist das ihre Sache. Robert und Frank aber bleiben weg von der Demo."

„Was ist das – eine Demo?", fragte da die Urgroßmutter aus ihrem Ohrensessel.

„Eine Demonstration, Uri", erklärte ihr Änne. „Es wollen über hunderttausend Menschen in unserer Stadt zusammenkommen und in einem langen Zug durch die Straßen wandern. Das ist alles."

Die Uri schüttelte den Kopf: „Was soll denn daran schlecht oder gefährlich sein?"

„Es ist was Politisches, Mama", sagte die Großmutter und tätschelte ihr die Hand. „Das verstehst du nicht. Irgendwelche Unruhestifter haben das alles angezettelt. Ich hab mich einmal in Politik eingelassen, damals bei Hitler. Was hat man mir hinterher für Scherereien daraus gemacht! Nein, mir reicht's. Mit Politik will ich nichts mehr zu tun haben, und ich rate allen davon ab, sich in Politik einzulassen."

„Was hat denn so ein Spaziergang durch die Stadt mit Politik zu tun?", fragte die Uri verwundert.

„Es ist eine Friedensdemo", erklärte Änne geduldig. „Alle die Leute, die in diesem Zug mitwandern, sind Kriegsgegner. Sie werben für den Frieden. Für den seid ihr doch alle – oder etwa nicht?"

„Na ja", sagte die Großmutter, „wer ist denn *nicht* für den Frieden! Aber deshalb muss man doch nicht gleich einen solchen Wirbel drum machen."

„Doch", sagte Änne. „Wir sind das Volk. Wir gehen drauf, wenn es zu einem Krieg kommt. Wir müssen deutlich zeigen, dass wir für keine Nachrüstung und Aufrüstung und schon gar keine Atomwaffen in unserem Land – oder sonstwo – sind. Wir wollen, dass sich alle Völker vertragen. Also, wer geht mit?"

„*Ich* gehe mit", sagte da die Uri ganz klar und deutlich.

Alle waren sprachlos.

„Aber Mama", sagte die Großmutter, „du kannst ja doch gar nicht mehr gehen. Hast du das vergessen? Morgens tragen wir dich aus dem Bett auf den Sessel, und abends tragen wir dich ins Bett zurück."

„Aber sitzen und denken und hören kann ich noch", antwortete ihr die Uri lebhaft. „Das genügt, um bei so einer Demo mitzumachen. Wenn ihr mir irgendwoher einen Rollstuhl besorgen könntet –"

„Mach ich", rief Änne und drückte der Uri einen Kuss auf die Wange. „Du, Uri, das finde ich einfach großartig."

„Aber Uri", sagte der Vater ganz verwirrt, „du weißt nicht, was das für eine Strapaze ist. Du bist doch schon seit Jahren nicht aus dem Haus gekommen. Höchstens im Sommer auf den Balkon. Du kannst in dem Getümmel einen Herzschlag bekommen!"

„Auch nicht schlimm", meinte die Uri trocken. „Einmal muss es ja sein. Warum nicht auf einer solchen Demo?"

Die Großmutter schlug die Hände zusammen und redete auf die Uri ein.

„Hör auf", sagte die Uri. „Du bist ein Hasenfuß, Else, ich weiß. Bleib daheim. *Du* brauchst ja nicht mitzugehen."

„Nein, Uri, da wird nichts draus", sagte der Vater energisch. „Das kann ich nicht verantworten."

„Aber Hans", sagte die Uri sehr bestimmt, „ich bin volljährig und weiß, was ich tue. Du kannst mir nichts verbieten."

„Änne kann sich doch nicht allein mit dem Rollstuhl in die Menschenmenge wagen!", rief die Mutter verzweifelt.

„*Wir* schieben die Uri!", riefen Robert und Frank gleichzeitig.

Die Mutter schrie entsetzt auf, der Vater empörte sich. Und schon redeten alle auf alle ein, versuchten, einander zu überzeugen, gestikulierten, wurden wütend, schüttelten die Köpfe, zeigten auf die Uri. Die saß als Einzige ganz ruhig da und hörte dem Lärm heiter zu.

Schließlich, nach einer halben Stunde, hatten sie einen Beschluss gefasst: Der Vater selber wollte die Uri schieben. Und weil der Vater mitging, hatten auch Frank und Robert durchgesetzt, dass sie mitgehen durften. Die Großmutter kannte sich mit Uris Befinden am besten aus, sie konnte sozusagen an Uris Nasenspitze ablesen, ob sie sich gut oder schlecht fühlte. Deshalb hatte auch sie sich wohl oder übel entschlossen, die Uri zu begleiten.

„Wenn alle gehen, will ich auch mitgehen", seufzte die Mutter.

„Nein", sagte der Vater, „einer muss daheim bleiben, am Telefon, damit man das Nötige veranlassen kann, falls was passiert. Wir brauchen dich hier als eine Art Notzentrale."

Es zeigte sich, dass die Uri nicht einmal mehr einen Mantel besaß, der ihr passte. Die Großmutter ist zu rundlich, in deren Mäntel geht die Uri zweimal hinein. Auch Mutters Mäntel sind der Uri zu weit.

„Wir müssen einen neuen Mantel für sie kaufen", stellte die Großmutter fest.

„Unsinn", sagte die Uri. „Änne, lass mich mal *deinen* Mantel probieren."

Änne ist sehr schlank, aber fast doppelt so groß wie die Uri. Ännes Strickmantel reichte der Uri bis auf die Füße.

„Damit siehste aus wie eine Heiligenfigur aus der Kirche", bemerkte Robert. Er und Frank schüttelten sich aus vor Lachen.

„Den zieh ich an", sagte die Uri. „Ich sitze ja im Rollstuhl, da kann ich mir den Mantel um die Füße wickeln."

„Du wirst zum Gespött der Leute werden mit diesem Teenagermantel", rief die Großmutter und begann zu weinen. „Und noch dazu mit Kapuze! Und so lebhafte Farben – entsetzlich!"

„Da siehst du, was du für einen Wirbel verursachst mit deinem verrückten Entschluss", grollte der Vater.

„Ein bisschen Wirbel schadet nichts", antwortete ihm die Uri.

„So hast du's schon immer gemacht", rief die Großmutter erbost, „und wir können uns dabei zu Tode ängstigen! Weißt du noch, wie du damals dein Mutterkreuz auf den Misthaufen im Hof geworfen hast – so, dass es alle liegen sehen konnten? Damit hast du uns auch in die größte Verlegenheit gebracht!"

„Ja", sagte die Uri, „das war an dem Tag, als ich die Nachricht bekam, dass mein Bruno gefallen war. Wo ich doch ein halbes Jahr vorher schon den Herbert verloren hatte. Ich habe sie beide für den Krieg großziehen müssen. Deshalb hab ich das Ding nicht mehr haben wollen. Ich hab's dort hingeworfen, wo es hingehörte."

„Was ist ein Mutterkreuz?", fragte Robert.

„Das war ein Orden für Mütter, die vier oder mehr Kinder geboren hatten", erklärte die Großmutter.

„Ich hab jedenfalls Anlass genug, für den Frieden Wirbel zu machen", sagte die Uri eigensinnig. „Für den kann man gar nicht genug Wirbel machen."

Am Sonntag um elf zogen sie los, ein ganzes Rudel rings um den Rollstuhl, die Großmutter bepackt mit Wärmflaschen, Herztabletten und Diätproviant. Die Mutter rief ihnen noch eine Unmenge Warnungen und Ratschläge vom Balkon aus nach.

„Wenn die Polizei kommt, müsst ihr darauf hinweisen, dass ihr nur mitgeht, um die Urgroßmutter zu pflegen und zu beschützen!", empfahl sie ihnen. „Und der Uri werden sie nichts tun –"

Frank und Robert grinsten.

„Ja, ja, beruhige dich, meine Liebe", rief die Uri mit ihrem dünnen Stimmchen, „ich nehme die Verantwortung für alle ganz allein auf mich."

Den halben Sonntag lief die Mutter unruhig zwischen Balkon und Telefon hin und her. Aber es kam kein Anruf, und sie kehrten und kehrten nicht heim. Endlich, nach fünf Stunden, erschienen sie, allesamt putzmunter.

„Endlich!", rief die Mutter erlöst und umarmte Frank, als ob er entführt und nun freigelassen worden wäre. „Ich hab mir ja solche Sorgen um euch gemacht."

„Wieso?", fragte die Uri verwundert. „Es war alles wunderbar ruhig, nicht wahr, Else? Nicht halb so laut wie euer Gezeter am vergangenen Mittwoch …"

„… obwohl's statt hunderttausend über zweihunderttausend gewesen sind", rief Änne begeistert. „Kein Polizist hat sich einzumischen brauchen, stell dir das vor!"

„Die Reden waren gut", sagte die Uri. „Mir aus dem Herzen gesprochen."

„Eine Quarkschnitte mit Knoblauch hat sie gegessen!", klagte die Grroßmutter.

„Du hast einen Sinn fürs Unwichtige, Else", sagte die Uri.

„Unglaublich, wen ich alles dort gesehen habe", berichtete der Vater. „Nicht nur Gammler und Rocker und Mädchen mit langen Baumwollgewändern. Die meisten Demonstranten waren ganz normale Leute. Sogar mein Chef war dabei."

„Eine Quarkschnitte!", wiederholte die Großmutter und fasste sich an die Stirn.

„Warum nicht?", fragte die Uri. „Änne hat sich eine gekauft, von einem Stand am Straßenrand. Die roch so appetitlich. Sie erinnerte mich an die Kriegs- und Nachkriegszeiten. Damals haben wir viel Quark gegessen. Deshalb hab ich Änne gebeten, dass sie mir auch so eine Schnitte kauft –"

„Sie wird dir nicht bekommen", seufzte die Mutter.

„Sie *ist* mir schon bekommen", meinte die Uri heiter.

„Die Uri ist auch interviewt worden", sagte Frank. „Vielleicht kriegen wir sie heute Abend im Fernsehen zu sehen."

Als sich die Wallbergs am Abend vor dem Fernseher versammelten, um sich Berichte von der Demo anzusehen, erschien wirklich und wahrhaftig die Uri auf dem Bildschirm. Man sah, wie der Reporter sie fragte, wie alt sie sei, und sie sagte es ihm ohne Scham und Scheu. Dann fragte er sie, warum sie bei der Friedensdemo mitmache. Da sagte sie: „Weil mein Großvater im Deutsch-Französischen Krieg gefallen ist und mein Mann im Ersten Weltkrieg und meine beiden Söhne und mein Schwiegersohn im Zweiten Weltkrieg und weil meine älteste Tochter mit zwei kleinen Kindern in den letzten Kriegstagen auf der Flucht umgekommen ist. Hier sehen Sie meine drei Urenkel. Ich will, dass sie leben bleiben, sie und ihre Kinder und ihre Enkel."

Nun schwenkte die Kamera um, und man sah für einen Augenblick ganz groß die Gesichter von Änne, Frank und Robert. Auch den Vater streifte sie. Und die Großmutter, wie sie sich über die Uri beugte, hektisch bemüht, Ännes buntes Gestrick zu verdecken.

„Das nächste Mal gehe ich auch mit", rief die Mutter. „Ich bin doch auch ganz energisch für den Frieden. Wenn ich mir vorstellen sollte, ich müsste unsere beiden Buben hergeben –"

Die Wallbergs saßen noch immer überwältigt vor der Röhre, als der Sprecher schon längst zu anderen Berichten übergegangen war.

„Nein so was", sagte der Vater, „jetzt sind wir alle im Fernsehen zu sehen gewesen. Im ganzen Land. Nicht zu fassen –!"

„Meine liebe Uri", sagte die Mutter, „ich glaube, du hast eine Menge Leute in unserer Bundesrepublik eben zum Weinen gebracht", und sie wischte sich verstohlen die Augen.

„Wenn du doch nur einen anderen Mantel angehabt hättest", seufzte die Großmutter. „Was werden die Leute von uns denken?"

Die Dinkelsbacher Weihnacht

Steffens Großeltern sind reich. Sie besitzen einen Supermarkt, fahren einen Mercedes und wohnen in einer Villa mit einem großen Garten. Bis zum vorigen Jahr haben sie im Winter immer eine Reise nach dem Süden gemacht. Drei Wochen lang sind sie in der Sonne spazieren gegangen. Der Supermarkt hat trotzdem funktioniert. Steffens Großvater hat ja genug Angestellte.

Aber im November des vergangenen Jahres hat der Großvater plötzlich gesagt: „In diesem Winter fahren wir nicht in den Süden. Wir haben ein Wochenendhaus bei Dinkelsbach gekauft. Dort werden wir Weihnachten und Neujahr verbringen."

„Nanu", sagte Steffens Vater überrascht. „Dinkelsbach – das ist doch das Dorf, wo wir gewohnt haben, nachdem unser Haus in Köln zerbombt worden war?"

„Ja", sagte die Großmutter. „Das Behelfsheim. Damals standen fünf nebeneinander. Aber jetzt ist nur noch dieses eine da. Genau das, in dem wir gewohnt haben. Ein alter Mann hat es bis jetzt als Gartenhaus verwendet. Ein Stückchen Garten gehört auch dazu."

„Ich glaube, ihr seid nicht gescheit!", rief der Vater. „Ihr könnt euch doch ein anderes Wochenendhaus leisten als so ein vergammeltes Behelfsheim von vier mal fünf Metern!"

„Leisten schon", meinte der Großvater. „Aber darum geht's uns nicht."

„Was ist ein Behelfsheim?", fragte Steffen.

Die Großmutter erklärte: „Im letzten Krieg wurden viele Familien obdachlos. Die Bomben hatten ihre Wohnungen zerstört. Die Obdachlosen wurden in die Dörfer geschickt. Über Dörfern fielen selten Bomben. Aber auch dort war kaum mehr Platz für die vielen Obdachlosen. Da ließen die Bürgermeister kleine Holzhäuser bauen, ohne Keller, Badezimmer, Zentralheizung, nur mit einem Klohäuschen daneben. Die Behelfsheime hatten nur einen oder zwei Räume. Aber die Leute, die hineinziehen durften, waren trotzdem froh, nun wieder ein Dach über dem Kopf zu haben. Es waren meistens Familien mit mehreren Kindern, die anderswo nicht unterkamen. Wir hatten ja auch drei Kinder und das vierte war unterwegs. Als wir einzogen, war ich mit den Kindern allein. Dein Großvater war an der Front, dein Vater erst zwei Jahre alt. Fünf Jahre haben wir darin gewohnt. Dort hat uns auch der Großvater gefunden, als er aus der Gefangenschaft kam."

„Furchtbar war's dort", sagte der Vater und rümpfte die Nase. „Die Windeln hingen an einer Leine über dem Kanonenofen. Der hat geraucht, wenn der Wind aus einer bestimmten Richtung kam. Und bei Sturm und Regen mussten wir hinaus aufs Klo. Wozu habt ihr dieses Ding bloß gekauft? Wollt ihr's ausbauen?"

„Nein", antwortete der Großvater, „wir wollen es lassen, wie es ist. Es hat sich kaum verändert. Sogar der alte Kanonenofen steht noch drin. Auch die beiden Stockwerkbetten sind noch da. Die hat der bisherige Besitzer als Regale für seine Blumenzwiebeln und Samentüten und Gartengeräte verwendet. Wir haben Betten und Ofen gleich mitgekauft und einen alten Tisch und drei Stühle dazu, auch wenn es nicht die von damals sind. Ich bin schon dort gewesen und habe Brennholz und das nötigste Geschirr besorgt."

„Und in dieser elenden Bude wollt ihr Weihnachten feiern?", rief nun Steffens Vater und fing an zu lachen. „Das könnt ihr euch doch nicht antun. Ich wette, spätestens in drei Tagen seid ihr wieder da."

„Wir werden sehen", sagte die Großmutter. „Jedenfalls freu ich mich schon darauf."

„Großvater", rief Steffen, „darf ich mit?"

Der Großvater sah die Großmutter an.

„Natürlich darf er", sagte die Großmutter. „Aber du weißt, was dich erwartet. Dort sind wir arm."

„Aber Steffen", sagte die Mutter vorwurfsvoll, „wolltest du nicht mit uns ins Skihotel nach Garmisch fahren? Dort hast du alle Bequemlichkeiten und ein eigenes Zimmer, und die Hotelleitung bietet ein Extraprogramm für Kinder an –"

„Nein, nein", rief Steffen, „ich will zu den Großeltern. Bitte!"

„Er wird sich erkälten", sagte die Mutter. „Der Fußboden wird kalt sein, durch die Bretterwände wird es ziehen –"

„Nun ja, es schadet ihm nichts, wenn er ein bisschen abgehärtet wird", meinte der Vater. „Und bedenke, meine Liebe, wie er auf dem letzten Skiurlaub herumgequengelt hat: Dies war ihm nicht recht, und das hat ihm nicht gepasst, und dauernd sollten wir uns mit ihm abgeben. Wenn *ihr* sein Gequengel diesmal auf euch nehmen wollt – mir soll's recht sein. Die Geschenke kann er ja vorher kriegen."

„Aber dann muss er wenigstens genug warme Sachen mitnehmen", sagte die Mutter.

Sie fuhren mit der Bahn. Steffen war noch nie mit der Bahn gefahren, solange er sich erinnern konnte. Er fand die Reise herrlich. Am Dorfrand stand das alte Behelfsheim. Schon von weitem entdeckte Steffen das Klohäuschen. Der Großvater schleppte zwei Koffer, die Großmutter die beiden Reisetaschen. Steffen trug einen Rucksack. Sie keuchten alle drei, als sie endlich vor der Tür standen: nicht nur vom Gepäck, sondern auch vom Waten durch den hohen Schnee. Vom Dach hingen Eiszapfen herab. Die Tür war zugefroren. Der Großvater musste mit klammen Fingern erst eine Weile werkeln, bis sie sich öffnen ließ.

„Tretet ein in die Elendszeiten", sagte er.

Ein paar Stunden später hatten sie sich in den zwei winzigen Räumen eingerichtet: Der Kanonenofen glühte und rauchte ein bisschen. Eine Wasserkanne stand darauf. Durch die Küche hatte die Großmutter eine Leine gespannt. Über der hingen Steffens und Großvaters Hosen und Socken, die im tiefen Schnee nass geworden waren. Drei Paar Schuhe standen um den Ofen herum und rochen nach Leder und Schweiß. lm Ofen knallte das Holz. Es war halbdunkel im Raum. Über dem Tisch hing eine Birne an einem Draht herunter, mit einem fliegenbekleckerten, selbst gebastelten Lampenschirm. In der Ecke stand ein Spülstein, der nichts als eine Zementwanne unter einem Wasserhahn war.

Dort wusch die Großmutter Kartoffeln. Sie tat sie in einen Topf, füllte ihn halb mit Wasser, nahm die Kanne vom Ofen und stellte den Kartoffeltopf darauf.

„Heute Abend gibt es Kartoffeln, Butter und Quark", sagte sie. „Aber nur ganz wenig Butter. Quark macht stark."

„Diesen Spülstein habe ich hier eingebaut, als ich aus der Gefangenschaft kam", erzählte der Großvater. „Vorher musste die Großmutter das Wasser draußen am Wasserhahn holen. Es gab nur einen einzigen Wasserhahn für alle fünf Häuser."

Er faltete Zeitungen und schnitt sie mit dem Messer in kleine Stücke.

„Unser Klopapier", erklärte er. „Am Anfang wird's dich hart ankommen, aber du wirst dich schnell daran gewöhnen. Wer zuerst hinausmuss, nimmt's mit."

Vor lauter Neugier musste Steffen zuerst hinaus. Draußen war es schon dunkel und bitterkalt, und es stürmte. Er hielt das Papier fest umklammert. Er musste durch hohen Schnee stapfen. Der Sturm fuhr ihm unter die offene Jacke. Der Riegel ließ sich nur mühsam zurückschieben. Im Klo war es stockfinster. Durch eine Ritze war Schnee auf das Sitzbrett geweht. Steffen merkte es nicht und setzte sich hinein. Und dann dieses Papier! Es war so hart, so glatt.

„Na", sagte der Großvater, als Steffen voll Schnee und zähneklappernd zurückkehrte. „Nicht sehr gemütlich, was?"

„Hier hast du einen Pfefferminztee", sagte die Großmutter. „Dafür müssen wir etwas länger auf das Abendessen warten. Auf dem Ofen hat immer nur *ein* Topf Platz."

Wie gut der Tee tat! Und dann deckte die Großmutter nichts als Teller, Gabeln und Küchenmesser auf. Mitten auf den Tisch stellte sie die dampfenden Pellkartoffeln.

„Die musst du dir selber schälen", sagte der Großvater.

Steffen hatte noch nie Kartoffeln geschält. Anfangs ging das Schälen ziemlich langsam, wo er doch so einen Hunger hatte. Jede Kartoffel war viel schneller aufgegessen als geschält. Steffen musste sich sein Essen regelrecht erarbeiten. Aber es schmeckte köstlich. Vor allem der Zwiebelquark.

„Die Zwiebeln und Kartoffeln haben wir damals selber im Garten angebaut", sagte die Großmutter. „Weil das, was es auf Marken gab, längst nicht ausreichte, um satt zu werden."

„Ja, von den Lebensmittelmarken hab ich schon gehört", sagte Steffen.

„So ein winziges Stückchen Butter bekam jeder pro Tag zugeteilt", sagte der Großvater und zeigte auf seine Daumenspitze.

Nach dem Essen wusch die Großmutter die Teller, Messer und Gabeln im Spülstein. Aber dazu musste sie sich erst Wasser auf dem Ofen heiß machen. Steffen trocknete ab. Das nasse Tuch hängte er über die Leine. Der Großvater war inzwischen hinausgegangen. Durch den Türspalt war Schnee hereingewirbelt. Mit Ästchen, Spänen und Rinde kam er wieder herein. Von der Großmutter ließ er sich zwei Küchenmesser geben.

„Ich habe Füße wie Eis", sagte die Großmutter. „Ich muss mir einen Muckefuck kochen."

Steffen musste lachen. „Muckefuck?"

Er erfuhr, dass das ein Ersatzkaffee aus den Kriegszeiten war, aus Getreidemalz gemacht. Aber das, was die Großmutter sich da zubereitete, roch so wie Caro, der Kinderkaffee, den er von Axels Geburtstagsfeier her kannte und der ihm gut geschmeckt hatte.

„Stimmt", sagte sie. „Dies ist Caro. Der schmeckt dem Muckefuck noch am ähnlichsten. Muckefuck gibt es nirgends mehr zu kaufen."

„Wenn du hier spielen willst, Steffen", sagte der Großvater, „müssen wir das Spielzeug selber machen."

Sie schnitzten, während die Großmutter strickte und Kaffee trank, aus Rinde und Spänen wunderschöne Boote mit Segeln aus Zeitungspapier und ließen sie im Spülstein schwimmen. Das Abflussloch verstopfte der Großvater mit einem alten Lappen. Steffen lernte eine Menge über Boote und Schnitzkniffe.

„Morgen gehen wir in den Wald", sagte der Großvater zu ihm, „und suchen uns Holz für einen Quirl."

„Was ist ein Quirl?", fragte Steffen.

„Ein Mixer für Arme", sagte der Großvater.

Vor dem Schlafengehen wuschen sich alle drei ihre Füße in einer Blechschüssel, und der Großvater zog sich Pullover und Hemd aus und wusch sich am Spülstein: „Komm du nur auch her", sagte er zu Steffen. „Sauber halten kann man sich trotzdem."

Als Steffen dann im oberen Stockwerkbett lag, hörte er den Großvater unter sich atmen. Die Großmutter werkelte noch in der Küche herum. Durch die türlose Öffnung zwischen beiden Räumen fiel fahler Lichtschein auf Steffens Bett. Der Ofen bullerte. Steffen konnte den flackernden Feuerschein sehen. Es war schön warm. Was machte es da schon aus, dass der Sturm am Dach rüttelte? Steffen fühlte sich wohl. Er dachte nicht an zu Hause.

Dass die Matratze viel härter als daheim war, merkte er erst am nächsten Morgen. Er fühlte sich wie zerschlagen. Auch den Großvater hörte er stöhnen. Aber als er an den Quirl dachte, vergaß er seine Steifheit und kletterte unter der warmen Decke hervor. Er fing an zu schlottern. Der Raum war eiskalt. Der Ofen war längst ausgegangen. Und schon kniete der Großvater vor der Ofentür und baute kunstvoll Papier, Späne und Holz übereinander.

„Schau her, wie man's macht", sagte er zu Steffen. „Morgen bist *du* dran mit dem Feuermachen und Auflegen."

Dann kochte die Großmutter Caro. Der duftete durch den ganzen Raum.

Zu Weihnachten holten sie sich selber ein Tannenbäumchen aus dem Wald – mit Erlaubnis des Försters. Es war nur ganz klein. Sie hatten ja nicht viel Platz in dem Häuschen. Sie schmückten es mit Selbstgebasteltem und ein paar weißen Kerzen.

„Süßes gibt es nicht", sagte der Großvater. „Das hatten wir damals auch nicht."

„Das stimmt nicht", sagte die Großmutter. „Ich hab's immer geschafft, zu Weihnachten wenigstens ein bisschen was Süßes für die Kinder zu haben."

„Plätzchen backen konntest du hier jedenfalls nicht."

„Nein. Die gibt es auch diesmal nicht. Aber Marzipankartoffeln, mit Mandelaroma zubereitet. Solche Aromafläschchen konnte man im Krieg noch bekommen."

So drehten Großmutter und Steffen Marzipankartoffeln aus Grieß, Zucker, Butter und Mandelaroma.

Am Heiligen Abend beschenkten sie sich: Die Großmutter schenkte dem Großvater ein paar selbst gestrickte Pulswärmer und dem Steffen einen gehäkelten Teddybären. „Den gibt's nur einmal auf der Welt", sagte sie.

Der Großvater schenkte der Großmutter ein selbst gebasteltes Wandbrett und dem Steffen ein Vogelhäuschen. Steffen schenkte dem Großvater einen großen Quirl und der Großmutter einen kleinen Quirl.

„Du kannst deinen ja der Großmutter borgen, wenn sie einen großen braucht", sagte er zum Großvater.

Aber das Allerschönste von allem hatten sie zusammen gebastelt: eine Weihnachtskrippe aus Holz mitten in einem Wald aus Zweigen und Moos. Maria und Josef waren

Fichtenzapfen mit Eichelköpfen, die Hirten waren Kiefernzapfen, die Schafe Lärchenzapfen mit Wollflocken umwickelt, die Steffen von den Koppeldrähten gezupft hatte. Das Jesuskind war eine Haselnuss und lag in einer richtigen Futterkrippe aus Spänen. Die Großmutter hatte Maria und Josef und die Hirten in bunte Stoffreste eingenäht, die sie in der Tischschublade gefunden hatte, und an der Haselnuss klebte eine winzige Windel.

„So was Schönes hab ich noch nie gebastelt", sagte Steffen überwältigt, kauerte sich vor die Krippe und bewunderte sie, während Großvater und Großmutter aus ihrem Leben erzählten. Alle drei knabberten an ihren Marzipankartoffeln. Jeder hatte nur sechs bekommen, aber der Großvater brauchte lange für seine erste und gab dann die übrigen fünf dem Steffen, der das sehr nett von ihm fand. Von der Großmutter bekam er auch drei Kugeln.

Als Steffen sich wunderte, weil keiner mehr erzählte, und sich umdrehte, sah er, dass sich Großvater und Großmutter aneinander gelehnt hatten und sich an den Händen hielten.

Um neun Uhr abends kam ein Telegrammbote. Er brachte ein Telegramm, das aus den Bergen kam.

FROHE WEIHNACHT! MUTTI UND VATI

stand darauf. Kopfschüttelnd stapfte der Bote wieder davon.

Am ersten Weihnachtsfeiertag bekam Steffen Fieber. Er hatte sich erkältet.

„Vielleicht haben wir dir zu viel zugemutet", meinte der Großvater besorgt. „Du bist so ein Leben nicht gewohnt."

„Aber ich geb mir ja alle Mühe, mich dran zu gewöhnen", rief Steffen mit glühendem Gesicht.

„Sag bloß nicht, wir müssen jetzt nach Hause."

Die Großmutter heizte, bis der Ofen glühte. Sie häufte alle Decken auf den Steffen und ließ ihn schwitzen. Hinterher stellte sie ihn in die Schüssel, wusch ihn ab und rubbelte ihn trocken. Am nächsten Tag war das Fieber weg.

Am letzten Ferientag brachten die Großeltern den Steffen zu seinen Eltern zurück. Der schenkte seiner Mutter auch einen Quirl und seinem Vater ein Boot aus Rinde.

„Damit du in der Badewanne was zu spielen hast, Vati", erklärte er.

„Na?", fragte der Vater die Großeltern. „Ich schätze, ihr habt die Nase voll von dem Elendsleben."

„Wir waren gern dort", antwortete der Großvater, „auch wenn ich mir einen scheußlichen Schnupfen geholt habe und die Großmutter einen Hexenschuss. Es war eine unvergessliche Weihnacht."

„Das klingt ja fast, als wünschtet ihr euch so ein Elendsleben und den Krieg zurück", sagte die Mutter.

„Nein", sagte die Großmutter, „nicht den Krieg und nicht das Elend. Der Krieg hat mich viele schlaflose Nächte aus Angst um den Großvater und meine Brüder an der Front und die Kinder in den Bombennächten gekostet. Er hat uns um unser Haus und unseren Laden gebracht. Er hat uns unsägliche Mühe aufgezwungen, hinterher wieder zu einem eigenen Heim zu kommen. Ein Krieg entsteht schnell, ganz plötzlich, ehe man sich's versieht – und dann ist das Elend wieder da. Wir fahren nach Dinkelsbach, damit uns all die Ruhe und die Bequemlichkeiten und die Sicherheit, die uns der Frieden gibt, nicht selbstverständlich werden. Die Dinkelsbacher Weihnacht macht uns dankbar."

„Und nächstes Jahr fahr ich wieder mit nach Dinkelsbach!", rief Steffen.

Der Mann mit den Haken

Ein paar Jahre nach dem letzten großen Krieg reiste eine amerikanische Touristin durch Japan, machte unzählige Fotos und bewunderte die hübschen Kimonos der Japanerinnen. Sie betrachtete Tempel und Gärten und versäumte kein Fest.

Um das berühmte Gion-Fest zu erleben, fuhr sie nach Kyoto, der alten Kaiserstadt. Dort wohnte sie im besten Hotel, das es gab. Schon am Morgen des Festtags war sie unterwegs, um in der Menschenmenge einen Platz zu finden, von dem aus sie den Festzug gut fotografieren konnte. Immer mehr Menschen drängten sich auf den Straßen. Die Amerikanerin blieb schließlich auf einer Brücke stehen. Das Geländer hatte einen breiten Sockel. Auf diesen Sockel konnte sie steigen, wenn sich der Festzug näherte. Aber er kam noch lange nicht.

Die Amerikanerin lehnte sich über das Geländer und schaute einem Mann zu, der eine schmale Ufertreppe zum Fluss hinunterschritt. Er hatte eine alte Soldatenmütze auf, war groß und breitschultrig und noch jung. Er hatte keine Hände mehr. Statt der Hände trug er zwei Haken, an den Stümpfen festgeschnallt. Sie sahen aus wie ganz gewöhnliche Kleiderbügelhaken. Er schien sehr geschickt mit ihnen hantieren zu können, denn er führte einen kleinen Affen an der Leine.

Es war ein festlicher Morgen. Fahnen und bunte Bänder flatterten über den Dächern und auf den Brückenbogen. In Sonntagsgewändern eilten die Menschen hin und her. Touristen schwärmten in Scharen über die Brücke und schwenkten ihre Fotoapparate.

Den Mann mit den Haken sah niemand. Er war jetzt unter der Brücke, fast genau unter der Amerikanerin. Sein Affe trug einen Tirolerhut, mit Bändern unter dem Kinn festgebunden. Eine Feder wippte darauf. Die Japaner finden Tirolerhüte sehr spaßig: etwas aus fernen, merkwürdigen Ländern.

Der Mann führte mit dem einen Haken den Affen an der Leine, am anderen trug er einen Kasten mit einer Kurbel und vier Stelzfüßen. Als er unten am Ufer ankam, stellte er den Kasten ab. Unglaublich geschickt band er den Affen mit seinen beiden Haken an einem Holzgerüst fest, das am Wasser stand und die Terrasse eines Restaurants stützte. Dann kniete er nieder, kreuzte die Haken vor der Brust und tauchte den Kopf tief ins Wasser. Währenddessen turnte der Affe auf den Verstrebungen des Gerüstes herum und beobachtete seinen Herrn, der den Kopf hob, ihn schüttelte und Tropfen in alle Richtungen spritzte. Mit den Haken fuhr er sich ins Haar und ordnete es.

Auf der Brücke lärmte der Verkehr. Der Festzug hatte die Ordnung der Stadt gestört. Autoschlangen krochen über die Brücke, die unter ihnen bebte. Den Mann störte das nicht. Er band den Affen kürzer an die Leine. Der wusste offenbar, was er nun zu tun hatte: Mit seinen Vorderpfoten hielt er sich an einer Sprosse fest und reckte seinem Herrn sein Hinterteil hin. Der hob den Schwanz des Affen mit seinem rechten Haken hoch, tauchte seinen nackten Fuß ins Wasser und rieb mit ihm den rosigen, unbehaarten Affenhintern sauber. Dem Affen gefiel das, er hielt still.

Aus einer fernen Straße tönte Musik: Trommelschlag und Flöten. Dort zog jetzt der Festzug dahin, Karren um Karren, hochgetürmt, beflaggt, mit kostbaren Teppichen behängt und von Menschenkolonnen gezogen.

Der Mann ließ den Schwanz des Affen wieder herab. Er band das Tier los. Es hüpfte auf den Kasten und hielt die Hand auf. Mit dem Haken zog der Mann eine Schublade aus dem Kasten. Darin stand ein Napf mit Reis. Er klemmte den Napf zwischen beide Haken und hob ihn so zum Mund. Er aß wie ein Tier: mit dem Mund aus dem Napf. Was er übrig ließ, grapschte sich der Affe mit seinen kleinen, zierlichen Fingern und stopfte es sich hastig ins Maul. Im Nu war der Napf leer.

Da hielt der Mann mit seinem Haken die eine Hosentasche auf. Der Affe sprang ihm auf die Hüfte und zog eine gelbrote Frucht aus der Hosentasche – offenbar ein tägliches Zeremoniell. Während der Affe schmatzend die Frucht verzehrte, sprach der Mann mit ihm. Die Amerikanerin konnte nicht verstehen, was er sagte, wegen des Lärms – und weil er japanisch sprach. Aber es war, als ob er sich mit einem Menschen unterhielte.

Eine Weile später klemmte er den leeren Napf zwischen die beiden Haken, spülte ihn im Fluss aus und schob ihn wieder in die Schublade. Der Affe trank vom Flusswasser. Der Mann auch. Beide kauerten nebeneinander am Ufer und tauchten ihre Köpfe halb ins Wasser. Dabei sahen sie sich sehr ähnlich.

Die Amerikanerin fand diese Szene köstlich! Sie knipste und knipste. Ein buntes Band flatterte von der Brücke herunter. Der Affe erwischte und schwenkte es. Der Mann band es mit Mund und Haken dem Tier um den Leib. Das zerrte erst daran, dann hüpfte es auf dem Kasten herum und klatschte sich mit den Vorderpfoten auf den Bauch. Der Mann schubste es sich auf die Schulter. Zärtlich ringelte es seinen Schwanz um den Hals des Mannes. Dann schleppte der Mann den Kasten die Treppe hinauf auf die Brücke. Nicht weit von der Amerikanerin stellte er ihn ab. Der Kasten entpuppte sich als Drehorgel, deren Kurbel der Mann mit dem einen Haken drehte.

Sobald die Musik einsetzte, begann der Affe auf dem Kasten zu tanzen. Die Feder auf seinem Hütchen wirbelte dabei.

Es dauerte nicht mehr lange: Bald würde der Festzug auf der Brücke sein. Schon näherte sich fernher die Musik. In den Karren, baldachinüberschattet, saßen die Musikanten.

Sicher waren sie schon müde, denn es war ein Hochsommertag.

Leute blieben vor der Drehorgel stehen und lachten. Immer mehr Gaffer versammelten sich um den Mann mit den Haken und sahen dem Affen zu. Sie ließen sich gern die Zeit vertreiben. Sie waren auch nicht knauserig. Die Amerikanerin beobachtete, wie sie Börsen zückten, Beutel öffneten. Aber wohin sollten sie die Münzen legen? Da war kein Teller.

Der Mann lächelte nur und zeigte auf den Affen. Der nahm den Spendern die Münzen aus der Hand, beroch sie und ließ sie seinem Herrn in die Hosentaschen fallen – mal in die eine, mal in die andere.

Die Amerikanerin war gerührt. Sie öffnete ihr Täschchen und zog einen Zwanzig-Dollar-Schein heraus. Sie war dem Mann dankbar für die hübschen Dias, die er ihr geliefert hatte. Wie würden sich später ihre Gäste in Amerika amüsieren über diese Affen-Menschen-Kumpanei! Sie reichte dem Affen den Schein.

Der Affe zögerte, wurde unruhig. Auf Scheine war er nicht gedrillt, er wusste nur, was er mit Münzen zu tun hatte. Misstrauisch beroch er die Banknote, fletschte die Zähne und keckerte.

Aber da hörte der Mann jäh auf, die Kurbel zu drehen. Er starrte die Amerikanerin an. Er sah auf ihrer Bluse eine Anstecknadel mit einer kleinen amerikanischen Flagge. Er streckte die Arme nach ihr aus, klemmte die Zwanzig-Dollar-Note zwischen seine Haken, drehte sich um und ließ den Schein über das Geländer in den Fluss flattern.

Dann wandte er sich wieder der Amerikanerin zu und sagte leise, aber langsam und deutlich: „Hiroshima."*

Die Leute rings um die Drehorgel starrten die Amerikanerin stumm an. Die Amerikanerin hat sich den Festzug nicht angeschaut. Sie ist in ihr Hotel zurückgekehrt, in das teuerste in ganz Kyoto. Dort hat sie geweint.

* Am 6. August warfen die Amerikaner über die japanische Stadt Hiroshima und am 9. August 1945 über Nagasaki eine Atombombe ab. Allein in Hiroshima starben innerhalb weniger Minuten 100000 Menschen.

Julius

Julius: Ich bin böse auf dich, Vati – damit du's weißt! Das hab ich dir schon lange mal sagen wollen.
Vater: Auf mich? Warum, Juli?
Julius: Weil du mir einen so scheußlichen Namen gegeben hast. Jawohl, ich weiß ganz genau, dass ich ihn von *dir* hab, denn die Mutti hat gesagt, sie hätte mich Dirk genannt, wenn's nach ihr gegangen wäre. Aber du hättest auf Julius bestanden, und wenn ich wissen wolle, warum, dann sollt ich dich selber fragen.
Vater: Findest du deinen Namen wirklich so scheußlich, Juli?
Julius: Ja! Abscheulich! Wenn ich wenigstens Hans oder Willi hieße. Diese Namen finde ich zwar auch nicht besonders, aber wenigstens nicht so auffällig. Meinen Schwestern habt ihr doch ganz vernünftige Namen gegeben: Petra und Jutta. Aber ich: Julius! Im Kindergarten ist es mir noch nicht aufgefallen, wie blöd ich heiße, weil ihr mich Juli statt Julius ruft, und dort haben mich deshalb auch alle Juli gerufen und sich nichts dabei gedacht. Aber kaum war ich in der Schule, kam's raus, dass ich Julius und nicht Juli heiße. „Julius – faule Nuss" haben sie mir nachgerufen!
Vater: Und du hast dich darüber geärgert.

Julius: Natürlich hab ich mich darüber geärgert. Du weißt ja gar nicht, wie das ist, wenn man mit so einem Namen herumlaufen muss – sein Leben lang! Du heißt Herbert. Niemand findet das komisch. Aber meinen Namen findet jeder komisch. Auch die Erwachsenen horchen auf, wenn ich ihnen meinen Namen sagen muss, und manche grinsen. Manche haben mich schon „Julchen" genannt! Die meisten bemühen sich zwar, höflich zu sein und nicht zu zeigen, was sie denken. Aber die Kinder! Mit jedem Schuljahr wird's schlimmer. „Julklapp" haben sie mich wochenlang gerufen, nachdem wir mal eine schwedische Weihnachtsgeschichte gelesen hatten. So ein Name, der klebt an einem, den wird man nicht los, nie, nie! Man kann ihn nicht verstecken. Und wenn ich nun bald ins Gymnasium komme – mit diesem Namen! Peters Bruder, der schon in der siebten Klasse ist, hat gesagt, dort würden sie mich bestimmt Julius Cäsar nennen, nach irgend so einem römischen Typ.
Vater: Du weinst, Juli? Komm her zu mir. Ich wollte dir schon lange erzählen, warum ich dich nicht Peter oder Herbert oder Hans nannte. Aber ich habe immer noch gezögert, weil ich dachte, du seist vielleicht noch zu jung, um zu verstehen, dass du stolz auf diesen Namen sein sollst. Nun aber ist es Zeit, dass du erfährst, warum ich dich so nannte: Julius.

Als ich so alt war wie du, habe ich noch mit meinen Eltern in Ostpreußen gewohnt. Das lag damals an der nordöstlichen Grenze Deutschlands. Es war Krieg. Die Russen, die zu jener Zeit unsere Feinde waren, rückten immer näher an unser Dorf heran, und die deutschen Soldaten hatten nach so vielen schweren Kämpfen nicht mehr genug Kraft, sie zurückzudrängen.

Wir Kinder horchten auf den Kanonendonner. Er wurde von Tag zu Tag lauter. Je lauter er wurde, umso unruhiger wurden die Erwachsenen. Sie hatten Angst. Und so packten sie, als die Front, wo die Deutschen mit den Russen kämpften, schon sehr nahe gekommen war, das Nötigste zusammen. Sie luden es auf die Planwagen des Gutshofs, der mitten in unserem Dorf lag, und spannten die Pferde vor die Wagen. Dann zogen wir in einem langen Treck nach Westen, weg von der Front. Mein Vater – dein Großvater – war schon ein Jahr zuvor gefallen. Das weißt du. Meine Mutter – die Omi in Weißwasser, die vor drei Jahren gestorben ist – war Köchin auf dem Gutshof gewesen. Ich war ihr einziges Kind. Sie saß mit mir auf einem der Planwagen vom Gut. Den Wagen kutschierte ein Knecht, der hieß Julius. Seine Frau und seine drei kleinen Kinder saßen bei uns.

Julius: Nach dem heiße ich?

Vater: Warte ab. Kisten und Kasten und Koffer und Säcke und Heuballen waren unter der runden Plane gestapelt, und wir mit unserem bisschen Gepäck kauerten da mittendrin und versuchten, uns mit Decken und Stroh gegen die bittere Kälte zu schützen. Es war tiefer Winter.

Wir waren nicht der einzige Treck. Viele Trecks zogen westwärts und verstopften die Straßen. Wir mussten von der Hauptstraße in eine Nebenstraße abbiegen, um den Lastwagen Platz zu machen, die mit Soldaten und Munition an die Front rollten.

Zwischen zwei Wäldern gerieten wir in einen fürchterlichen Schneesturm, der den ganzen Tag über dauerte. Wir konnten nicht weiterfahren. Die Pferde wurden ausgespannt. Sie drängten sich aneinander. Ein paar legten sich in den Schnee und erfroren. Auch die Menschen auf den Wagen drängten sich aneinander.

Julius nahm seine drei Kinder zwischen seine Knie, um sie zu wärmen, während seine Frau vor Erschöpfung schlief. Er sprach nur das Allernötigste. So war er schon immer gewesen. Als die Kinder unruhig wurden, grunzte er nur „nu, nu" und stopfte ihnen abwechselnd Brotbrocken in die Münder. Mir reichte er auch Brot herüber. Ich saß an meine Mutter gekuschelt.

Als der Sturm sich gegen Abend legte und wir wieder etwas anderes als nur wirbelnde Flocken sehen konnten, entdeckten wir hinter uns Feuerschein am Himmel. Dörfer brannten. Die Russen waren uns nachgerückt. Sie beeilten sich, weil sie den Krieg auch satt hatten. Wir konnten nicht fliehen. Meterhohe Schneewehen lagen vor und hinter uns auf der Straße, und kein Schneepflug räumte uns den Weg frei.

Wir verbrachten eine schreckliche Nacht, Wagen hinter Wagen, auf dieser einsamen Straße. Nur die kleinen Kinder schliefen. Wir größeren und die Erwachsenen starrten unter den Planen hervor auf den Feuerschein.

Gegen Morgen wurde meine Mutter zur Frau Baronin gerufen, der Besitzerin des Gutshofs, auf dem meine Eltern gearbeitet hatten. Ihr gehörten alle Planwagen, alle Pferde. Jeder kam, wenn sie rief.

Und so ließ mich meine Mutter, die nicht ungehorsam zu sein wagte, allein auf dem Planwagen zurück, quälte sich durch den hohen Schnee bis nach vorn zur Kutsche der Frau Baronin durch und bemühte sich, auf dem Spirituskocher einen Tee zu kochen, denn Frau Baronin hatte eine Gallenkolik und wand sich vor Schmerzen. Und weil ich fast die ganze Nacht wach gewesen war, schlief ich trotz des Feuerscheins und Geschützlärms ein, tief zwischen den Gepäckstücken, eingewühlt ins Stroh.

Als es Tag wurde, waren die Russen plötzlich da. Offenbar war es ihnen gelungen, die Front zu durchbrechen. Wahrscheinlich hielten sie unsere Wagen für einen Soldatentreck und vermuteten, dass sie mit Waffen und Munition beladen seien. Jedenfalls fingen sie an, auf unseren Treck zu schießen.

Julius: Bist du weggelaufen?

Vater: Nein. Ich schlief ja. Ich schlief sehr fest. Aber die Pferde, die noch lebten, versuchten fortzurennen. Die Leute schrien und sprangen von den Wagen, um zwischen den Schneewehen Deckung zu suchen. Auch Julius mit seiner Familie muss in den Schnee gesprungen sein. Jedenfalls fand ich mich ganz allein auf dem Wagen, als ich aufwachte und erschrocken hochfuhr. Der Wagen brannte.

Julius: Er brannte?

Vater: Hinten, dort wo die Heuballen lagen, brannte er lichterloh. Auch die Plane über mir hatte Feuer gefangen. Und vorn schlugen kleine Flammen aus dem Stroh, in dem Julius mit seiner Familie gesessen hatte.

Julius: Was hast du da gemacht?

Vater: Geschrien habe ich, geschrien wie am Spieß, nach der Mutter, die verzweifelt durch den tiefen Schnee herangewatet kam und mich schreien hörte, aber viel zu weit weg war, um mir helfen zu können. Als die Mutter nicht kam, schrie ich sogar nach meinem Vater, der doch gar nicht mehr am Leben war.

Vielleicht hat das den Julius dazu gebracht, mich zu retten. Er hatte meinen Vater gut gekannt. Mein Vater war vor dem Krieg auch Knecht auf dem Gutshof gewesen. Julius und er hatten oft zusammen auf den Feldern und im Stall gearbeitet. Julius hatte nicht Soldat werden müssen, weil ihm ein Auge fehlte.

Julius: Aber wie hat er dich da rausgeholt? Es hat doch rings um dich schon gebrannt!

Vater: Er ist auf die Deichsel gesprungen, von dort auf den Wagen und über das brennende Stroh zu mir. Er konnte mich kaum sehen vor Rauch. Ich bin mit einem Schrei auf ihn zugestürzt. Er hat mich wie ein Kaninchen am Wickel gepackt, ist mit mir über das Gepäck nach hinten gestürmt und hat mich mit einem gewaltigen Schwung durch die Flammen in den Schnee hinausgeschleudert. Er selber kippte hinter mir mit lodernden Kleidern und brennendem Haar vom Wagen. Aber die Brandwunden haben ihm nicht wehgetan, denn er war schon tot, als er fiel: Eine russische Kugel hatte ihn mitten in die Stirn getroffen, als er, vom Feuer hell erleuchtet und weithin sichtbar, unter dem Bogen des Planendachs erschienen war.

Ich dagegen habe außer ein paar Brandblasen nichts abbekommen. Meine Mutter kroch durch den Schnee zu mir und weinte über mir. Ich weiß noch, dass ihre Tränen, die auf meine versengte Jacke fielen, sofort gefroren.

So hat wohl auch Julius' Frau über ihrem Mann gelegen, aber viel Zeit wird ihr dazu nicht geblieben sein, denn sie hat ihre Kinder nehmen und davonlaufen müssen, genauso wie alle anderen von unserem Treck, die diesen Morgen überlebt hatten. Ein Mann, drei Frauen und zwei Kinder waren erschossen worden, und zwei alte Leute waren auf einem anderen Wagen verbrannt.

Wir haben die Wagen samt dem Gepäck stehen und die Toten im Schnee liegen lassen müssen, um uns zu retten. Wir sind in verschiedene Richtungen geflüchtet. Julius' Familie haben wir nie wieder gesehen. Ich habe sie über das Rote Kreuz suchen lassen. Keiner von den Leuten aus unserem Dorf, die jetzt in Westdeutschland leben, weiß irgendetwas über sie.

Vielleicht ist die Frau mit den Kindern aber auch gar nicht fortgelaufen an jenem Morgen. Vielleicht ist sie bei Julius geblieben und samt den Kindern im Schnee erfroren. Damals sind viele Menschen auf der Flucht erfroren.

Julius: Könnte sie nicht nach Ostpreußen, in euer zerstörtes Dorf, zurückgewandert sein?

Vater: Nein. Dort ist sie nie wieder aufgetaucht. Ich bin selber hingefahren, als du noch nicht auf der Welt warst, und habe nach ihr und den Kindern gesucht. Ich konnte mich nicht bei Julius für mein Leben bedanken. Ich konnte ihm nicht einmal dadurch danken, dass ich seiner Familie half, als ich erwachsen war. Und auch du wirst ihm nie danken können dafür, dass du am Leben bist. Denn wäre ich damals –

Julius: Ja, Vati –
Vater: Verstehst du nun, warum ich dich Julius nannte? Vielleicht habe ich dir mit dem Namen etwas aufgebürdet, das zu schwer für dich zu tragen ist.
Julius: Nein, Vati.
Vater: Wenn ich gekonnt hätte, hätte ich mich selber Julius genannt, verstehst du, Juli?
Julius: Ja, Vati. Sag nicht mehr Juli zu mir. Nenn mich Julius.

Eine tolle Idee

Bis zum Ende des vorletzten Schuljahres war unsere Klasse die schlimmste der ganzen Schule. Das will was heißen, denn unsere Schule hat achtunddreißig Klassen!

Unsere 5b war voller Zankhähne und Raufbolde, die einander noch dazu bei den Lehrern verpetzten. Da brach der Frank dem Daniel das Nasenbein, biss der Wolfgang dem Felix in den Finger. Da schnitten die Mädchen der pummeligen Evi den rechten Zopf ab. Wir Jungen verprügelten die Jungen der 5c, nur weil die uns im Völkerball besiegt hatten. Und die Musiklehrerin, eine kleine Blasse, ärgerten wir so sehr, dass sie in Tränen ausbrach, aus dem Klassenzimmer flüchtete und drei Tage nicht mehr in der Schule erschien.

Unfrieden stiften – das hat damals den meisten in unserer Klasse einen Riesenspaß gemacht. Das bekam auch der alte Meyer zu spüren. Der war unser Klassenlehrer. Mit dem machten wir, was wir wollten. Er wehrte sich kaum, wenn wir mit Kreide auf seinen Rücken malten oder ihm Papierschwänze anhängten. Er dachte wohl: Noch ein paar Monate, dann werde ich pensioniert. Dann bin ich erlöst. Unsere Klasse verhalf ihm zu ein paar Wochen zusätzlichem Urlaub, denn wir seiften den Fußboden vor der Tafel ein, sodass er lang hinschlug und sich ein Bein brach. *Das* hatte natürlich keiner von uns gewollt. Aber geschehen war geschehen, und der schlechte Ruf unserer Klasse wurde noch schlechter.

Dabei war keiner von uns wirklich böse. Jeder Einzelne für sich hat seine guten Seiten. Zum Beispiel der Frank. Der fuhr damals fast jeden Nachmittag seinen gelähmten Großvater im Rollstuhl aus – freiwillig! Hätte er das getan, wenn er echt böse wäre? Und der Hannes, einer der Schlimmsten, hat wochenlang getrauert, nachdem sein Dackel von einem Lastwagen überfahren worden war. Oder der Andi, der schon damals einen halben Kopf größer als der Meyer war und Muskeln wie ein Möbelpacker hat: Der weint bei jedem traurigen Fernsehstück. Und ich? Na, viel Gutes gibt es von damals nicht zu berichten. Höchstens, dass ich meiner Mutter zum Muttertag einen Toaster von meinem Taschengeld zusammengespart hab. Das hat lange gedauert, denn ich bekomme jede Woche nur zwei Mark.

Ja, einzeln waren wir alle nicht übel. Aber sobald wir zusammen waren, bekamen wir Vergnügen am Unfrieden. Dieses Vergnügen steckte an wie eine Krankheit.

Dann war das Schuljahr zu Ende, und der alte Meyer ist pensioniert worden. Wir waren sehr gespannt, wen wir als neuen Klassenlehrer bekommen würden. Der Hannes sagte: „Wen wir auch kriegen, wir machen ihn fertig."

Natürlich hat keiner von allen Lehrern unsere Klasse übernehmen wollen. Da haben sie sie einem jungen Lehrer aufgehalst, der gerade erst mit dem Studium fertig geworden war und nun an unserer Schule seine erste Stelle antrat.

„Na, der kann was erleben", meinte der Frank, und wir bastelten uns Blasrohre und Schleudern.

Aber es kam ganz anders. Unser neuer Klassenlehrer, Herr Sporner, war gar nicht so ahnungslos, wie wir und die Lehrer unserer Schule glaubten. Er hatte sich wohl umgehorcht und wusste genau über uns Bescheid. Als wir in die Blasrohre pusteten und Papierkügelchen auf ihn schleuderten, meinte er trocken: „Nicht sehr originell. Alles schon da gewesen. Wenn ihr mich beeindrucken wollt, müsst ihr euch schon was Besseres einfallen lassen."

„Es gibt nichts, was nicht schon mal da gewesen wäre", knurrte der Hannes.

„Oh doch", sagte der Sporner. „Frieden zum Beispiel. Absoluter Frieden. Jedenfalls habe *ich* noch keine wirklich friedliche Klasse erlebt."

Die Mädchen begannen zu kichern, und Hannes sagte nur: „Ph!"

Aber der Sporner tat, als höre er nichts. Er starrte träumerisch an die Decke und sagte: „Das schlüge wie eine Bombe ein: diese Klasse friedlich bis zum Gehtnichtmehr – wo doch alle Lehrer dieser Schule schon gespannt darauf warten, was für eine Pleite ich mit euch erleben werde. Die wären so verblüfft, dass sie nicht glauben könnten, was sie sähen! Aber vergessen wir's, so reizvoll es auch wäre. Denn das schafft ihr nicht. Frieden kostet starke Nerven und äußerste Konzentration –"

Hannes lachte laut auf und klatschte sich auf die Schenkel: „Wir und friedlich!"

„Eben", sagte der Sporner. „Darin liegt ja das Verblüffende."

„Eigentlich eine tolle Idee", sagte der Frank.

„Das schaffen wir schon", meinte der Andi. „Wenn einer aus der Reihe tanzt, werde ich ihm Saures geben –"

„Frieden, das sagt sich so leicht", sagte der Sporner. „Aber stellt euch vor, ihr solltet ab sofort alle eure Partner so behandeln, als seien sie gerade erst von einer schweren Krankheit genesen und bedürften der größten Schonung –"

Wir begannen vor Vergnügen zu johlen. Die Begeisterung steckte alle an. Wild, frech und zänkisch sein, das war das Gewohnte. Lieb und friedlich sein war dagegen aufregend, das war fast wie ein Abenteuer. Jawohl, der unbedingte Frieden sollte sofort losgehen!

So kam es, dass uns der Direktor, der eine Weile später hereinkam, um nach dem Rechten zu sehen, verdutzt anstarrte und dann – bei feierlicher Stille – unseren neuen Klassenlehrer fragte: „Was ist denn los?"

„Das hätte ich auch gerne gewusst", antwortete der Sporner. „Ich begreife das nicht: Diese Klasse soll, wie ich hörte, die schlimmste der ganzen Schule sein? Das ist doch wohl ein Irrtum. Noch nie bin ich einer solchen Herzlichkeit und Höflichkeit begegnet."

„Habt ihr einen Streich vor, ihr Schlingel?", fragte uns der Direktor misstrauisch.

Wir sahen ihn mit Unschuldsaugen an und schüttelten die Köpfe. Niemand kicherte.

„Ich traue dem Frieden nicht", hörte ich – in der ersten Bank – den Direktor zum Sporner sagen. „Da steckt was dahinter. Die werden bald auftauen, mehr, als Ihnen lieb ist. Wenn Sie nicht klarkommen, lassen Sie mich's wissen –"

Damit verschwand er. Der Sporner legte hinter seinem Rücken den Finger auf den Mund. Wir verstanden. Wir durften jetzt nicht in Gelächter ausbrechen. Das wäre schon gegen den Frieden gewesen. Nicht über den verblüfften Direktor zu lachen, war schwierig, denn wir platzten fast vor Begeisterung.

„Nicht schlecht", meinte der Sporner. „Aber ihr seid erst eine halbe Stunde friedlich gewesen. Bis auf einen ganzen Vormittag werdet ihr es kaum bringen."

Uns packte der Ehrgeiz. In der Pause versuchten wir, einander an Freundlichkeit zu übertrumpfen. Niemand boxte, biss, schimpfte oder verpetzte. Friedlich standen wir in einer Hofecke, und wenn uns Schüler aus anderen Klassen schubsten, schubsten wir nicht zurück. Dem Lachmann, der nach der Pause bei uns Erdkunde gab, trat vor so viel Stille der Schweiß auf die Stirn.

„Bedrückt euch was, Kinder?", fragte er.

„Nein, Herr Lachmann", sagten wir erstaunt. „Wieso?" Und wir sprangen hinzu, um ihm beim Aufhängen der Landkarte zu helfen.

So ging das weiter, die ganze Woche durch. Wir sprachen nur noch leise, hörten genau zu, arbeiteten mit, um den Lehrern unseren guten Willen zu beweisen. Wir genossen ihr Staunen. Von allen Seiten wurden wir mit Lob überschüttet, unsere Klasse und der Sporner.

„Wie haben Sie das nur fertig gekriegt?", fragte ihn ein Lehrer voller Bewunderung.

„Die Klasse *ist* klasse", haben wir den Sporner antworten hören, „das haben Sie nur noch nicht gemerkt."

Anfangs hatten wir nur eine Woche Frieden vorgehabt. Aber bald hatten wir uns so an all das Lob und das Staunen gewöhnt, dass wir einfach so weitermachten. Natürlich schafften wir's nicht, immer vollkommen lieb und gut zu sein. Darin hatte der Sporner Recht behalten. Ich glaube, das schafft niemand. Aber wir wachten eifrig darüber, dass es in unserer Klasse friedlich zuging.

Der eifrigste Friedenshüter war der Andi. Der hatte sich ja auch am meisten von allen für den Frieden begeistert. Wenn es schien, als ob zwei in Streit geraten wollten, griff er sofort ein. Einmal passierte es, dass Frank und Wolfgang sich anzuknurren begannen. Keiner boxte und keiner biss – es ging nur um Worte. Aber schon dies empörte den guten Andi so sehr, dass er den beiden eine Ohrfeige gab und sie anbrüllte: „Werdet ihr wohl Frieden halten, ihr Hornochsen?"

„Andi, Andi", hat da unser Sporner gesagt, „willst du den Frieden mit Krieg erzwingen?"

Der Andi hat ihn betroffen angeschaut und hat „Entschuldigung" gemurmelt. Und Frank und Wolfgang haben ihm die Ohrfeige nicht übel genommen.

Inzwischen sind wir in der 7b. Wir sind eine wirklich friedliche Klasse geworden, die zusammenhält. Die Lehrer mögen uns, und wir kommen gut mit ihnen aus. Schade, dass der Sporner nicht mehr bei uns ist. Nach einem Jahr ist er versetzt worden. Wir haben uns nur schweren Herzens von ihm getrennt. Er war der beste Lehrer, den wir je hatten.

Aber auch mit unserer jetzigen Klassenlehrerin sind wir sehr zufrieden – und sie ist es mit uns. Es ist die kleine blasse Musiklehrerin, die wegen uns mal einen Nervenzusammenbruch hatte. Jetzt fühlt sie sich bei uns, wie es scheint, recht wohl.

Übrigens hat sie entdeckt, dass der Andi sehr musikalisch ist. Seit er der wichtigste Mann in unserem Chor ist, haut er nicht mehr um sich, auch nicht für den Frieden.

Krieg spielen

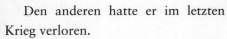

Onkel Bernhard war wieder mal auf Besuch da. Florian mochte ihn gern. Onkel Bernhard war fünfzehn Jahre älter als Florians Vater und hatte schon graues Haar. Mit ihm war es nie langweilig, obwohl er nur einen Arm hatte.

Den anderen hatte er im letzten Krieg verloren.

Am Sonntagvormittag gingen sie zusammen angeln. Aber ein Gewitter mit einem gewaltigen Regen trieb sie heim. Am Nachmittag, als die ganze Familie vor dem Fernseher saß, zwinkerten Onkel Bernhard und Florian einander zu und stahlen sich unbemerkt davon.

„Wunderbare Luft hier draußen", sagte Onkel Bernhard, als sie gleich hinter der Pferdekoppel in den Wald einbogen. „Und was wollen wir jetzt tun?"

„Krieg spielen", antwortete Florian wie aus der Pistole geschossen.

Onkel Bernhard antwortete nicht. Aber als Florian erwartungsvoll zu ihm aufblickte, fragte er nachdenklich: „Krieg spielen? Ist denn das so schön?"

„Klasse", sagte Florian. „Und ganz bestimmt nicht langweilig."

„Nein, ganz bestimmt nicht", meinte Onkel Bernhard. „Krieg ist wirklich nicht langweilig."

„Man kann andere erschießen und mit dem Panzer über alles drüberwegfahren und Handgranaten werfen und den Feind überlisten und gefangen nehmen und mit dem Fallschirm abspringen und so richtig echt raufen", rief Florian begeistert.

Er wunderte sich, dass Onkel Bernhard wieder nicht antwortete.

„Im Krieg kann man seinen Mut beweisen", erklärte Florian weiter. „Man kann ein Held werden. Und man darf so vieles tun, was man in gewöhnlichen Zeiten nicht darf. Vor allem kann man siegen. Siegen macht Spaß – oder etwa nicht?"

„Zum Krieg gehören mindestens zwei", sagte Onkel Bernhard. „Einer, der siegt, und einer, der verliert."

„Man darf eben nicht so blöd sein zu verlieren", sagte Florian eifrig.

„Du scheinst den Krieg sehr gut zu kennen", meinte der Onkel.

„Klar", sagte Florian. „Ich schau mir immer die Kriegsfilme an."

„Aha", sagte der Onkel.

„Wenn da der Krieg losgeht, freuen sich meistens alle drauf und können es gar nicht erwarten", sagte Florian.

„Das stimmt", sagte Onkel Bernhard trübe. „Ich hab mich auch darauf gefreut – weil ich den Krieg nicht kannte. Ich habe mir den Krieg so vorgestellt wie in den Filmen: Die Guten siegen, die Bösen verlieren, die Unschuldigen werden gerettet und die Schuldigen bestraft. Nicht wahr?"

„Meistens", antwortete Florian unsicher.

„Also gut", sagte Onkel Bernhard, „spielen wir Krieg. Aber ich kenne den Krieg. Deshalb spiele ich nur ganz echten Krieg, nicht solche Western-Kämpfchen."

„Oh ja", rief Florian begeistert, „spielen wir ganz echten Krieg!"

„Ich fürchte, du hast keine Ahnung, was auf dich zukommt", sagte der Onkel. „Du wirst anfangen zu weinen."

„Ich?", lachte Florian. „Da kannst du lange warten!"

„Florian", sagte der Onkel fast feierlich, „ich will dich nicht zu diesem Spiel überreden. Wenn du Angst bekommst und lieber etwas anderes spielen willst, werde ich dich nicht feige nennen. Aber ich warne dich."

„Nur zu, nur zu", jubelte Florian, „ich *will* Krieg spielen!"

„Wer von uns beiden zuerst sagt: ‚Mir langt's!', der hat den Krieg verloren", sagte der Onkel.

„Einverstanden", rief Florian mit blitzenden Augen.

„Abgemacht. Also, es geht los."

„Wir haben ja noch keine Gewehre", sagte Florian und hob zwei derbe Äste auf. Einen davon reichte er dem Onkel. Der verstummte und lauschte mit hochgerecktem Gesicht. Dann schrie er: „Tiefflieger!", packte Florian am Genick und warf sich mit ihm längelang in den Schlamm unter eine überhängende Birke.

„Aber Onkel Bernhard", rief Florian, „meine Sonntagshosen!"

„Kopf runter", donnerte der Onkel. „Rin mit dem Kinn in die Soße. Beweg dich nicht. Oder willst du, dass sie Hackfleisch aus dir machen?"

Florian tunkte sein Kinn in den Schlamm. Mit einem Auge sah er, dass auch Onkel Bernhard seine gute Hose anhatte.

„Verdammt, sie kommen zurück!", schrie der Onkel. „Runter in den Graben!"

„Aber der ist doch voll Wasser –", stotterte Florian kläglich.

„Mach schon!", brüllte der Onkel und gab ihm einen groben Stoß. „Oder wir sind hin!"

Florian stolperte mit einem Patsch in den Graben, in dem schmutzig braunes Regenwasser stand. Das lief ihm in seine Gummistiefel. Es reichte ihm bis zu den Knien.

„Ducken!", schrie ihn der Onkel an. „Die sehen dich ja schon aus zehn Kilometer Entfernung!"

„Ins Wasser?", fragte Florian erschrocken.

Ohne zu antworten, drückte ihm der Onkel die Schulter hinunter. Florian musste sich mit dem Hintern ins Wasser hocken. Der Onkel hockte neben ihm.

„Die Mama wird schimpfen", jammerte Florian.

„Du hast keine Mama mehr", sagte Onkel Bernhard. „Eine Bombe hat vorhin euren Hof getroffen. Deine Mama war sofort tot. Deiner Oma hat ein Splitter das linke Bein abgerissen. Sie verblutet jetzt. Dein Vater ist von den Deckenbalken erdrückt worden. Und dein Opa hat beide Augen verloren. Deine kleine Schwester lebt noch, aber sie ist unter den Trümmern begraben. Man wird sie nicht finden. Sie wird da unten elend zugrunde gehen. Du bist jetzt ein Waisenkind, Florian. Du musst schauen, wie du allein durch den Krieg kommst.

Raus aus dem Graben, die Flieger sind fort. Aber dort drüben ballert's. Ich glaube, da schleicht sich feindliche Infanterie heran, um uns den Weg abzuschneiden. Wir müssen hier weg."

Kaum war Florian triefend aus dem Graben geklettert, sagte der Onkel spöttisch: „Wo ist dein Gewehr?"

Verwirrt drehte sich Florian um. Dort schwamm es im Graben.

„Hol's – aber dalli!", schimpfte der Onkel. „Wie willst du Krieg machen ohne Waffe? Du machst dich ja lächerlich. Und die Feinde sind schon ganz nahe. Das wird dich dein Leben kosten!"

Florian kauerte sich beschämt am Grabenrand nieder und versuchte, den Stock heranzuangeln. Er drehte dem Onkel seinen Rücken zu.

„Ich spiele jetzt einen von den Feinden", sagte der Onkel.

„Warte einen Augenblick", jammerte Florian, „ich muss erst mein Gewehr haben –"

Aber da rief auch schon der Onkel: „Hände hoch!" und hielt seinen Stock in Anschlag. Florian fuhr erschrocken herum.

„Hände hoch – wird's bald?", donnerte der Onkel. „Meinst du, ich warte, bis du *mich* umbringst? Meinst du, ich lass mir die gute Gelegenheit entgehen, dich zu erledigen?"

„Nein", rief Florian, „ich nehm die Hände nicht hoch. Ich will nicht der Verlierer sein!"

Und er stürzte sich auf den Onkel, der in diesem Augenblick „paff!" sagte, und trommelte ihm mit beiden Fäusten auf der Brust herum.

„Was soll das?", fragte der Onkel. „Du bist tot. Du bist mir direkt ins Gewehr gelaufen. Lass dich fallen. Du bist jetzt eine Leiche, und ich werde dir deine Stiefel von den Füßen zerren, weil ich sie brauchen kann."

Aber Florian schrie schrill: „Ich bin nicht tot! Ich bin nicht tot! Und jetzt mach *ich* dich tot!"

Da klemmte sich der Onkel sein Gewehr zwischen die Knie, packte mit seiner einzigen Hand den Jungen am Kragen und warf ihn mitten in die Brennnesselbüsche zwischen Weg und Grabenrand.

Florian heulte vor Schmerz. Nicht nur die Arme brannten. Auch über das Gesicht hatten die Nesseln gepeitscht.

„Das ist unfair!", schrie er wutentbrannt.

„Meinst du, im Krieg ginge es fair zu?", fragte der Onkel. „Wenn du's fair haben willst, musst du was anderes spielen. Im Krieg sucht nur einer den anderen fertig zu machen, egal wie."

„Und du bist viel stärker als ich", heulte Florian.

„Im Krieg ist immer einer stärker als der andere. Du hättest vorhin gut daran getan, dich zu ergeben. Dann hättest du dir alles Weitere erspart."

„Aber dann hätte ich doch verloren!", sagte Florian.

„Alle, die sich in einen Krieg einlassen, verlieren, auch wenn es bei manchen so aussieht, als hätten sie gesiegt", sagte der Onkel. „Und jetzt lauf um dein Leben, wenn du unbedingt weiterleben willst. Die Panzer kommen!"

„Hilf mir aus den Brennnesseln raus", bat Florian matt.

„Wollten wir nicht *echten* Krieg spielen?", fragte der Onkel. „Im Krieg hebt einen auch keiner aus dem Schlamassel. Raus, sag ich! Fort! Oder willst du platt gewalzt werden?"

Er stieß den Jungen vor sich her.

„Fort vom Weg – in den Wald hinein!", keuchte der Onkel. „Renn, so schnell du kannst."

Die Stiefel scheuerten, die Hose klebte.

„Ich kann nicht mehr, Onkel Bernhard!", jammerte Florian.

„Du wirst schon noch können", ächzte der Onkel, „wenn ich dir sage, dass ich jetzt wieder ein Feind bin und versuche, dir mit dem Gewehrkolben den Schädel einzuschlagen. Renn – ich komme!" Und er schwang seinen Stock und brüllte mit verzerrtem Gesicht: „Gib mir meinen Arm wieder, du verdammter Hund!"

Florian erschrak. So hatte sein Onkel noch nie ausgesehen: wie ein wildes Tier – eine Bestie!

Er begann zu rennen. In einer morastigen Mulde verlor er einen Stiefel. Er wagte nicht stehen zu bleiben. Er lief auf dem bloßen Socken weiter, trat auf spitze Zweige, auf Reisig, auf Äste. Vor Schmerz schrie er ab und zu laut auf. Hinter sich hörte er den Onkel immer näher keuchen.

Kopflos vor Schreck stürmte er in das dornige Dickicht hinein, das vor ihm lag, und spürte, wie seine Hose hängen blieb und riss, die Sonntagshose. Dann verlor er den zweiten Stiefel und trat in Dornen. Er hörte sich wie einen Hund aufjaulen. Das Herz klopfte ihm bis in den Hals.

Plötzlich wurde ihm bewusst, dass er den Onkel nicht mehr hinter sich keuchen hörte. Hastig schaute er sich um. Kein Onkel war zu sehen.

Aber dort vor dem Gestrüpp – lag dort nicht etwas in den Farben von Onkel Bernhards Hemd, grün und gelb kariert?

Florian blieb stehen, schaute schärfer hin, kehrte unschlüssig um. Ja, wahrhaftig, dort lag Onkel Bernhard mit dem Gesicht nach unten und rührte sich nicht. Sein Arm hing ausgestreckt im Heidelbeergesträuch.

Wie betäubt beugte sich Florian über ihn.

„Onkel Bernhard", flüsterte er.

Der Onkel bewegte sich noch immer nicht.

Florian strich bestürzt über sein graues Haar und bat: „Steh doch auf, Onkel Bernhard – bitte, bitte steh auf."

Aber der Onkel stand nicht auf. Da wurde es Florian ganz heiß vor Schreck. Er fing an zu weinen.

„Bist du tot?", schluchzte er. „Ach, bitte, sei doch nicht tot!"

Er streichelte Onkels Haar, das grüngelb karierte Hemd, die schlaffe Hand. Er weinte immer lauter und verzweifelter. Aus der Hitze wurde Kälte. Er schlotterte vor Entsetzen.

„Du kannst doch nicht einfach tot sein", heulte er.

Da richtete sich der Onkel langsam auf und drehte sich um. In seinem Gesicht klebten Tannennadeln und Moosflöckchen. Florian starrte ihn entgeistert an.

„Du lebst ja", flüsterte er.

„Nein", sagte der Onkel. „Ich bin tot. Ich bin von einer Kugel getroffen worden. Es hat mich einer erschossen, der auch Onkel von so einem Jungen ist. Es war ein netter Mensch – einer, der im Frieden nie auf den Gedanken käme, jemanden umzubringen. Wollen wir weiterspielen?"

„Nein", stammelte Florian, „mir langt's."

„Mir auch", sagte der Onkel.

Schweigend suchten sie nach Florians Stiefeln. Den einen fand Florian, den anderen der Onkel. Dann machten sie sich auf den Heimweg.

„Unser Krieg hat knapp zwölf Minuten gedauert", stellte der Onkel fest. Florian schaute erstaunt zu ihm auf. Ihm war er endlos vorgekommen.

„Wollen wir morgen wieder Krieg spielen?", fragte der Onkel.

„Nein", antwortete Florian hastig, „keinen Krieg. Gar nichts mehr mit Krieg."

„Ich hab dich vorhin übel behandelt", sagte der Onkel. „Es ist mir nicht leicht gefallen. Aber ich hab's getan, weil ich dich mag. Ich will dir begreiflich machen, wie der Krieg wirklich ist."

„Ich hab so Angst vor dir gehabt", schnaufte Florian und zog die Nase hoch. „Du hast ausgesehen wie ein Tier, als du mit dem Knüppel hinter mir hergerannt bist."

„Im Krieg werden die Menschen zu Tieren", sagte der Onkel ernst.

„Und nachher hab ich Angst um dich gehabt, weil ich dachte, du seist wirklich tot –"

„Im Krieg ist so ein Tod alltäglich. Ich habe damals kaum mehr hingeschaut, wenn ich Tote am Wegrand liegen sah. Für dich soll der Tod nicht alltäglich werden. Ich will, dass du beide Arme behältst. Dich soll kein Panzer zermalmen, keine Bombe zerfetzen, kein Schuss treffen. Du und alle, die wir beide lieb haben, sollen unversehrt leben können. Und wenn du ein Held sein willst, findest du auch im Frieden Gelegenheit dazu."

Florian schob seine Hand in die Hand, die seinem Onkel geblieben war, und sagte: „Ich wollte, du hättest noch deine andere Hand."

„Ich habe ja noch Glück gehabt", sagte der Onkel. „Du siehst: Zur Not kann man auch mit einer einzigen Hand zurechtkommen. 50 Millionen Menschen haben im letzten Krieg ihr Leben verloren. Darunter waren sicher auch ein paar tausend solcher Jungen wie du."

Das letzte Stück des Weges schwiegen sie. Zwischen Koppelzaun und Hof sagte der Onkel: „Ich glaube, deine Mutter bekäme einen Schreck, wenn sie dich unvorbereitet so sähe. Warte hier, bis ich ihr alles erklärt habe. Ich fürchte, sie wird wütend auf mich sein. Sie weiß ja nichts vom Krieg. Sie ist ja erst nach dem Krieg geboren worden."

„Ich weiß schon, was sie sagen wird", meinte Florian. „Das arme Kind. Es kann eine Lungenentzündung bekommen! Und was für ein Jammer um Hemd und Hose!"

„Ich werde ihr versprechen, dir ein neues Hemd und eine neue Hose zu kaufen", sagte der Onkel, „und ein großes Paket Papiertaschentücher. Das ist mir die Sache wert. Wenn ich pfeife, ist das Donnerwetter vorbei, dann kannst du kommen."

Als der Onkel ein paar Schritte gegangen war, rief ihm Florian nach: „Danke, dass du mir den Krieg gezeigt hast."

Weg mit der Grenze!

Zwei Länder lagen nebeneinander, das Grasland und das Waldland. Jedes Land wurde von einem König regiert. Die beiden Könige waren gute Freunde. Sie kamen jeden Monat einmal zusammen, obwohl sie dafür einen ganzen Tag lang reisen mussten. Sie trafen sich in einem Pavillon am See, der genau an der Grenze zwischen beiden Ländern lag. Während sie Karpfen angelten, besprachen sie alle ihre Regierungsgeschäfte miteinander.

„Grenzen sind eigentlich Unsinn", sagte der eine König, und der andere nickte dazu. „Wir sollten das ganze Theater mit Zoll und Pässen und Stempeln fallen lassen. Wir sollten die Wachen von der Grenze wegnehmen und die Bürger unserer Länder einander besuchen lassen, sooft sie wollen."

Der andere König war derselben Meinung.

So kam es, dass die Graslandleute ins Waldland reisen konnten, sooft sie wollten, und die Waldlandleute sich im Grasland umsehen konnten, wann und wo immer sie wollten. Sie fanden Freunde, die sie besuchten oder zu sich nach Hause einluden. Waldland- und Graslandleute wanderten und grillten zusammen, sangen zusammen, gründeten gemischte Fußballklubs und bauten gemeinsam einen Aussichtsturm. Viele junge Graslandburschen holten sich ihre Bräute aus dem Waldland, und viele junge Graslandmädchen heirateten ins Waldland hinüber. Die Kinder hatten die einen Großeltern hier, die anderen dort. Sie besuchten sie oft. Es war ein friedliches Hin und Her.

Und weil es so friedlich war, hatten die beiden klugen Könige natürlich auch schon längst das Militär abgeschafft. Denn Soldaten und ihre Waffen kosten entsetzlich viel Geld und sind im Frieden zu nichts nütze. Es gab nur ein paar Polizisten, die den wenigen Dieben auf der Spur waren, verirrte Kinder zu ihren Eltern zurückbrachten und Betrunkene heimführten.

Aber der Polizeihauptmann im Grasland war nicht damit zufrieden, nur ein Polizeihauptmann zu sein und gehorchen zu müssen. Er wollte selber der Höchste sein. So befahl er seinen Polizisten, ihm zu folgen und bedingungslos zu gehorchen. Er überfiel mit ihnen den alten König, sperrte ihn ins Gefängnis und machte sich selber zum König.

Fast zur selben Zeit befahl auch der Waldland-Polizeihauptmann seinen Polizisten, den König zu überfallen und einzusperren. Nachdem das geschehen war, machte er sich zum König des Waldlands.

Damit die Graslandleute und die Waldlandleute nicht unruhig wurden, schickten die beiden neuen Könige ihre Polizisten aus. Sie sollten im ganzen Land verkünden, der alte König sei ein schlimmer Verbrecher gewesen, und nun sei es dem neuen König gelungen, das Land von diesem Bösewicht zu befreien.

Die Leute in beiden Ländern wunderten sich sehr. Sie konnten nicht glauben, dass ihre alten Könige Verbrecher gewesen sein sollten. Aber schließlich, als ihnen die neuen Könige allerlei böse Geschichten vorlogen, ließen sie sich doch überzeugen.

Die neuen Könige hatten noch nicht genug. Sie wollten noch viel mächtiger werden. Deshalb war der neue Waldlandkönig darauf aus, das Grasland zu erobern, und der neue Graslandkönig fasste den Plan, das Waldland in seinen Besitz zu bringen.

Für diesen Plan brauchten beide Könige erst einmal Polizisten. Sie dachten sich eine schöne Uniform aus und überredeten viele junge Männer, Polizisten zu werden. Als sie zehnmal mehr Polizisten hatten als die alten Könige, schickten sie sie wieder durch ihre Länder und ließen sie überall Plakate an die Häuserwände kleben. Auf den Graslandplakaten stand, dass die Waldlandleute gewalttätig und bösartig seien und mit den braven und friedlichen Graslandleuten Übles vorhätten. Und auf den Waldlandplakaten stand, dass den Graslandleuten nicht zu trauen sei: Sie seien heimtückisch und planten Böses gegen das friedliche Waldland.

Die beiden neuen Könige dachten sich auch neue Lesebücher aus. Von nun an sollten alle Schüler in den beiden Ländern nur noch in den neuen Lesebüchern lesen. Die Graslandkinder lasen erstaunt, dass die Waldlandleute kleine Kinder fräßen, und die Waldlandkinder lasen ebenso erstaunt, dass die Graslandleute Vampire seien.

Die Schulkinder fragten ihre Lehrer: „Stimmt es, was in unseren neuen Büchern steht?"

Da antworteten die Graslandlehrer: „Jeder von euch kennt Leute aus dem Waldland. Haben sie euch fressen wollen?"

„Nein", antworteten die Kinder und mussten lachen.

Und die Waldlandlehrer antworteten ihren Schülern: „Jeder von euch kennt Graslandleute. Habt ihr die schon jemals Blut saugen sehen?"

„Nein", antworteten die Waldlandkinder und mussten auch lachen.

Noch ehe sich die Leute in den beiden Ländern von ihrer Verblüffung erholt hatten, ließen beide Könige die Grenze sperren. Sie ließen von ihren Polizisten viertausend mächtige Rollen Stacheldraht spannen. Die Polizisten mussten die Grenze bewachen. Niemand durfte mehr hinüber oder herüber.

Und der Pavillon am See gehörte nun halb hierhin und halb dorthin. Der Stacheldrahtzaun ging zur Vordertür hinein und zur Hintertür hinaus.

Die Leute waren entsetzt, weil sie nun nicht mehr ihre Bekannten, Freunde und Verwandten auf der anderen Seite der Grenze besuchen konnten. Manche Leute hatten ihre Eltern oder ihre Kinder drüben. Sie konnten sie nicht mehr sehen. Sie wollten sich das nicht gefallen lassen. Sie wollten auch nicht gelten lassen, dass die Leute aus dem anderen Land böse und gefährlich seien.

„Unsinn!", riefen alle Leute, große und kleine, immer lauter. Und sie riefen noch dazu: „Weg mit der Grenze!"

Als das die neuen Könige hörten, ließen sie die lautesten Rufer in die Gefängnisse werfen. Ist es da zu verwundern, dass die übrigen Leute den Mund hielten und höchstens noch miteinander flüsterten? Niemand geht gern ins Gefängnis. Als es so still in ihren Ländern wurde, dachten beide Könige zufrieden: sehr gut. Jetzt fehlt nur noch der letzte Schritt. Sie schickten wieder ihre Polizisten in den Ländern herum.

Im Grasland mussten sie verkünden: „Die Waldlandleute planen morgen Mittag einen Überfall. Sie wollen unser Grasland erobern. Wir können nur mit ihnen fertig werden, wenn wir ihnen zuvorkommen. Morgen früh müßt ihr alle über die Grenze stürmen und jeden erschlagen, den ihr drüben erwischt. Nur so können wir siegen! Jeder, der nicht mitmacht, ist ein Vaterlandsverräter und wird schwer bestraft."

Und die Polizisten im Waldland mussten bekannt geben: „Die Graslandleute planen morgen Mittag einen Überfall. Sie wollen unser Waldland erobern. Wir können sie nur besiegen, wenn wir ihnen zuvorkommen. Morgen früh müsst ihr alle über die Grenze stürmen und jeden umlegen, den ihr zu fassen kriegt. Jeder, der nicht mitmacht, ist ein Vaterlandsverräter und wird schwer bestraft!"

Aber damit hatten sich die neuen Könige verrechnet. Denn die Leute im Grasland riefen so laut sie konnten:

„Was? Wir sollen unsere Bekannten und Freunde und Verwandten erschlagen? Nie! Wir können nicht jemanden töten, den wir so gut kennen und so lieb haben!"

Und die Leute im Waldland schrien empört: „Sollen wir die umlegen, bei denen wir vor kurzem noch zu Gast gewesen sind und die bei uns zu Gast gewesen sind? Dieser hat seine Eltern drüben und jener seine Kinder und der dort seinen besten Freund. Sollen sie die erschlagen? Nie!"

In beiden Ländern schrie das Volk so laut, dass die Polizisten nicht feststellen konnten, wer der Lauteste war. Sie hätten *alle* gefangen nehmen und einsperren müssen!

„Hast du nicht selber deine Braut drüben?", rief eine Frau einem Polizisten zu. „Willst du, dass wir sie erschlagen? Oder willst du sie selber umbringen?"

„Nein", sagte der Polizist, warf seine Waffe weg und zog die Uniform aus. Andere Polizisten machten es ihm nach. Im Waldland geschah Ähnliches unter den Polizisten.

„Wir wollen keine Mörder sein!", riefen immer mehr von ihnen. „Wir halten zu euch! Und auch wir glauben die Geschichte von dem Überfall nicht. Wir haben an der Grenze nichts davon bemerkt."

„Lasst uns selber sehen, ob sie stimmt", riefen die Leute auf beiden Seiten und stürmten auf die Grenze zu, Männer, Frauen und Kinder. Sie schubsten die verdutzten Wachen beiseite und rissen den Stacheldrahtzaun nieder. Auf beiden Seiten konnte man nur glückliche Gesichter erkennen. Die Waldlandleute und die Graslandleute winkten einander zu und fielen sich in die Arme. Sie weinten vor Freude, dass sie wieder beisammen sein konnten. Und die

Polizisten von beiden Seiten waren mitten darunter. Keiner von ihnen hatte mehr eine Waffe in der Hand.

Als das die beiden neuen Könige erfuhren, erkannten sie, dass es mit ihrer Macht aus war. Sie wollten fliehen. Aber die Leute rannten ihnen nach und hielten sie fest und sagten zueinander: „Was wollen wir mit ihnen machen?"

Ein Graslandmann sagte: „Sie haben uns zwingen wollen, uns gegenseitig totzuschlagen. Deshalb wäre es die gerechte Strafe, sie totzuschlagen."

„Nein", meinte eine Waldlandfrau, „dann würden wir ja doch zu Mördern werden. Sperren wir sie ein, genauso, wie sie uns einsperren wollten. Wie sie uns, so wir ihnen!"

„Schön und gut", sagte ein Graslandmädchen, „verdient hätten sie's. Aber dann sitzen sie im Gefängnis, und wir müssen allein in Ordnung bringen, was sie verbrochen haben. Sollen sie ruhig ein bisschen von dem, was sie Böses angestiftet haben, wieder gutmachen. Sollen sie den Stacheldraht wieder aufwickeln, mit dem sie uns haben trennen wollen! Um den ist es schade. Wir können ihn für unsere Viehkoppeln verwenden."

Diesen Vorschlag fanden alle gut. Und so mussten die beiden neuen Könige von nun an Stacheldraht aufrollen – der eine von der einen Seite, der andere von der anderen Seite, zweitausend Rollen jeder.

Und die zwei alten Könige?

Als die Leute die Gefängnisse geöffnet und die Gefangenen befreit hatten, sagte der Graslandkönig: „Danke schön, ihr Lieben. Aber erwartet nicht von mir, dass ich wieder regiere. Ich habe genug davon. Ich möchte mein Alter in Ruhe verbringen."

„Ich auch", sagte der Waldlandkönig. „Regiert selber. Wenn ihr euch allein habt befreien können, könnt ihr euch auch allein regieren."

„Und wenn ich euch noch einen guten Rat geben darf", fügte der Graslandkönig hinzu, „dann macht aus den zwei Ländern *ein* Land: das Waldgrasland oder das Graswaldland."

Die Leute jubelten begeistert und befolgten den Rat der beiden alten, weisen Könige. Die aber zogen zusammen in den Pavillon am See und angelten Karpfen bis an ihr Lebensende.